MBTI
我為何會這樣？
人格類型的16種性格密碼
王凱琳博士 著

他為何會那樣？我為何會這樣？

對於人的行為百思不解，驚異地發現原來人與人之間存在著難以化解的差異，其實要等到我們成年及出社會之後會更有感。在青少年時期，我們大多仍在單純地學習瞭解這個世界，享受著多元的美好。

我一直深深地相信，要想能夠瞭解別人，你必須先瞭解自己。同時諮商經驗也告訴我，許多人不能接納自己，正是因為他們不瞭解自己，或沒有找到自己的特殊之處（強項）。

這本書既然是針對青少年，我更希望能達到的目的，是幫助孩子們在懵懂徬徨時，就先認真展開對自我人格的探索，藉著知道自己天性偏好的思維模式，簡單勾勒出一個強項的藍圖，從而建立起自信心。否則，根據台灣一直以來的教育風格及社會文化，許多青少年總是失落於符合體制的目標，及與他人的比較，缺乏對自己的認可、對未來的把握，以及對人際關係的健康認知。

所以，與其問：「他為何會那樣？」，不如先問：「我為何會這樣？」

王凱琳

接受孩子天生的偏好，不花精力去「矯正」

很高興看到凱琳博士撰寫了《我為何會這樣》這本助人了解自己人格特質的書。人的性格沒有好壞對錯，只是偏好各有不同，認真來說，一個人的亮點也就是限制，例如一棵長滿凹凹凸凸臃腫的樹瘤，從實用的角度來看，不「適合」做家具或棟樑，似可 丟棄的無用之物，但從欣賞的角度來看，天然的凹凸形狀和自然的紋理，就很「適合」做成珍貴的藝術品，這就是「看似無用卻有大用」概念。

凱琳博士在序文中提到：「許多青少年總是失落於符合體制的目標，或與他人的比較，而缺乏對自己的認可，以及對未來的把握。」若能保持「看似無用卻有大用」概念去看待孩子，在孩子成長過程中，不強加孩子符合體制的標準，用心發現孩子的亮點和限制，讓孩子順性發展，不與他人比較，不但可以化解親子間凍結的氛圍，還能讓孩子在快樂學習的過程中成為最好的自己，進而建立自信。

我在台灣創辦了一所以順性發展為核心理念的學校，在從事青少年教育工作三十多年中，看到很多父母都希望孩子變成他們想要的樣子，帶著愛為了孩子的未來而擔心，害怕他們「不務正業」，但孩子對於父母的關心卻予以冷漠回應，讓父母傷痛不已。不斷接觸到類似的個案，我逐漸發展出「關係動力學」GuanXiology，主要就是化解關係中產生的兩難困擾。在協助當事人解困的訪談過程中，必須找出產生困擾的源頭，這就需要花許多時間讓當事人回到自己，心向內的覺察、挖掘、探索，如果一味心向外的指責或抱怨環境，是無法消融困擾。

看到凱琳博士這本書用淺顯易懂的方式，說明 MBTI® 十六種人格特質的亮點和限制，使用這個有效的輔助工具，能幫助父母親回到自己、心向內的觀照檢視，也可以陪伴孩子更了解目前的自己，讓孩子看到他自己的亮點，也接受他自己的限制，例如：在過去，用左手拿筷子或寫字是不被長輩允許的行為，會強迫孩子改用右手，這對孩子來說是個痛苦的過程，如果長輩能接受孩子天生的偏好，就不用花時間精力去「矯正」，把時間花在孩子喜歡且更有意義的學習上，如數學、語文或編程設計等。當孩子能舒服的做自己，就能成為最好的自己。

未來是一個合作的時代，如何與人合作，要從家庭成員間養成相互包容差異、優勢互補，以建構圓融和諧的家庭氛圍做起。一旦習慣了這樣的氛圍，未來與他人合作時，就能接受夥伴間的差異、彼此互補，這樣必能在相輔相成中事半功倍，共創舒適自在、璀璨的未來。

細讀這本書，一定會很有幫助，祝福！

夏惠汶 院士

開平餐飲學校創辦人

關係動力學院創辦人

得到的第一個救贖是：內向不是我的錯

我是一個兩個孩子的媽媽，在工作上因緣際會，接觸到了 MBTI ® 的人格分析法，爾後，就一頭栽入了這個有趣的世界。

一開始，我尋求一個能判斷他人及有效和人溝通的方法，於是學習了 MBTI ®。在理解後，我發現第一個要被認識的人，是自己。從認識自己開始，我得到的第一個救贖就是，內向不是我的錯。再接著深入後，也得知我不太擅長和人談心是有原因的。先從認識自己開始，然後再試著練習自己不擅長的地方，或著是原諒自己。

腦袋中放進了 MBTI ® 之後，每天看事情都會有些變化，以及新的理解。慢慢的，原先模模糊糊的地方，開始變得清晰，再後來，我就把自己兩個青少年的孩子，運用 MBTI ® 讓他們認識自己的強弱項，並且在重要的高中階段，透過 MBTI® 的分析，尋找他們人生未來的道路。

凱琳是我和女兒 Sophie 的老師，她與眾不同，見解有深度，有些話一開始我不能理解，後來理解後，就覺得她很厲害。希望這本書，能幫助更多人，能像我一樣開啟不一樣的視野，去看看原來以為是理所當然的世界！

劉素貞

菁英教育　執行長

MBTI ® 讓我成為一個更具包容和同情心的人

我目前就讀於波士頓一所高中的 11 年級。2020 年的夏天，認識了凱琳老師，開始正式學習 MBTI ® 這個性格分析工具。從那時候起，我就對人格分析著迷了，它讓我進一步了解了人與人之間的差異。我終於明白，人天生下來就有不同的性格傾向，並不是每個人都以同樣的方式應對相同的情況。通過這種理解，我開始欣賞別人，並對他人更有耐心。我了解到，我們不能將不同類型的人相互比較，一個人的弱點可能是另一個人的長處。非常感謝我的好老師凱琳帶領我進入這個領域，找到了未來的夢想職業、改變了對他人的看法，並讓我成為一個更具包容和同情心的人。

I am currently an 11th grader at a high school in Boston. In the summer of 2020, I met Ms. Kailin and began to formally study MBTI ®, a personality analysis tool. Since then, I have been fascinated by personality analysis. It allowed me to further understand the differences between people through the order in which different types of characteristics and functions are used. I finally understood that people are born with different personality tendencies, and not everyone responds to the same situations in the same way. Through this understanding, I appreciate others and have more patience with them. I have learned that you can't compare different types to each other, and that one's strength could be another's weakness. Through MBTI ®, I have also learned lots more about myself. Kailin has helped me find my passions and future dream careers, all through the lens of my own personality type. Thank you so much to my wonderful teacher Kailin for leading me into this field, changing my view of others and making me a more inclusive and compassionate person. I will continue to practice this knowledge into adulthood to make myself a more thoughtful person.

蔣光妍

Sophie Chiang

為什麼要把人格分類？

王凱琳

「你喜歡喝茶還是喝咖啡？」

「你有吃宵夜的習慣嗎？」

如果你可以製作一份簡單易懂的問卷，幫助人們檢測他們自己的飲食習慣，進而推測他們的健康狀態，然後靠著這份問卷賺進上億美金的收入，是不是很酷？

MBTI ®（Myers-Briggs Type Indicator）這個性格分類工具，在眾多的工具當中可以說是最流行，大概也是史上最賺錢的一個。雖然它的理論源自榮格的人格類型（Personality Types），但是其實它誕生的過程曲折離奇，歷時很久。很多人並不知道它真正的來龍去脈及當初創造出這份問卷的作者，凱薩琳和伊莎貝爾，這對母女的愛恨情愁。

到底是什麼樣的性格特質，什麼樣的人生經歷，什麼樣的靈感與勇氣，什麼樣的挫折與因緣際會，讓這對母女的心血結晶能夠被廣為流傳？然而，就像很多奉獻一生的藝術家一樣，她們倆其實在生前都沒有因此得到什麼金錢上的利益或他人的敬重。她們只是很熱情且努力地開發這個能幫助人找到自我的工具，而大筆大筆的鈔票，都讓有商業頭腦的顧問公司賺進口袋裡了，到今天還是如此。

到了二十一世紀，因為自我管理及商業心理學的普及，人格測驗變成一種商品。MBTI ® 令人眼花撩亂且不加區別地擴散，享有驚人的成長及影響力，因此也被草率地利用，導致遭受批評。市面上產生了各式各樣山寨版的問卷，試圖用自己以為行得通的問題來判別人們的性格類型。這些仿效的產品雖然讓 MBTI ® 變得家喻戶曉，但同時也製造了許多不負責任又誤導人的狀況。

在二十世紀初，女性仍然受到諸多限制，不能自由從事高智識的職業。雖然凱薩琳和伊莎貝爾兩人都是家庭主婦，也沒有正式的心理學學位，但這對母女卻靠著自己的學習、領悟、興趣、及意志，過著有意義、有創意、自主的人生。 性別的差異造成人們不僅是在工作上的出路不同，還有家庭、婚姻關係裡面的角色扮演。她們無法改變大環境的條件，因此轉向，把自己的婚姻及家庭視為一份工作來盡心努力，開闢出另一個天地。當時最早的人格行為書籍都是由女性（尤其是母親）所寫的，而不是男性科學家。為什麼呢？因為她們近距離地、親身且大量地觀察孩子從出生到長大過程中的變化，還有敏銳地觀察並剖析家庭成員之間彼此的差異及互動。

然而這對母女是如何開始對人格產生興趣，以及想要如何應用的態度，卻是截然不同的。

在女兒伊莎貝爾結婚之前，凱薩琳一直堅信人格是在用專業化手段之下培育出來的產物。因為在二十世紀初，一度非常盛行「行為心理學」，這個學派認為人類的行為跟動物一樣，都是靠後天學習而來，完全強調後天及環境的影響，人可以因為環境裡刻意放進去的誘因而被強制訓練成任何模樣。雖然凱薩琳本身是個宗教性很強的人，但當時她認為人格是被教育出來的，而非「人格的不同才是致使個人產生不同理解及內在經驗的源頭」。

1923 年，在女兒已經離家、結婚，而她自己為人妻為人母的生活失去重心，不知該做些什麼的中年時期，凱薩琳讀到了榮格的《人格類型》一書，驚為天人。她把自己多年來在人格觀察上所得到的結論得到昇華，同時才發現，過去她曾經認為離經叛道的，所謂個人意識的類宗教經驗，或者個人能量的習慣中心，原來是這麼地真實。她花了五年的時間熟讀這本書，勤作筆記，做深刻的內省，並與她自己的人格分類方法做結合。

女兒伊莎貝爾前半輩子都是在家教育（home school），在母親的教育實驗之下受影響，成為一個在各方面表現優異的高材生。但若看到她在大學裡與母親的風格完全脫線的行徑，你就知道她天生人格特質的潛在力量仍然是強大且不可忽視的。相對於母親的「嬰幼兒實驗室」，伊莎貝爾用婚姻及家庭關係來作為人格類型的實驗室 。雖然榮格本來的語言是艱澀深奧的，目的是在探索人類心靈的深度，但伊莎貝爾不像母親一樣把榮格當成是救世主，也不相信自我是什麼深刻且神聖的東西。她更在乎的是利用人格的分類評估來幫助人們在婚姻關係中了解彼此，以及在工作上自我實踐。伊莎貝爾在尋找她的第一份工作時的困惑，以及「找到一份合適自己的工作，而不是浪費時間費力去做別人可以輕鬆完成的工作」，這樣的心情及信仰，奠定了後來 MBTI® 這套工具強調天資各異，以及職業配對上的應用。

然而因為二戰及希特勒的政治影響，社會心理學家強烈抨擊所有把人分類的方法。他們認為這是思想的僵化，具有反人文、反啟蒙的傾向。

「為什麼要把人格分類？」身為人格心理分析師，這是一個我常常被人問到的問題。

我的答案總是，就像我們在學生物時，學到如何用「界門綱目科屬種」來為物種分類。這是一種科學方法，幫助我們找到特定一群生物之間的特定異與同，把其中的差異性縮減到幾個基本的、可觀察的重要差異。這樣才能變成一個實用的工具，快速了解某個生物的特性。比如說，蘭花科裡面有上百種不同的蘭花，但當我告訴你這是一朵蘭花時，你至少不會把它想像成玫瑰花。

伊莎貝爾也說：「每個人都是獨一無二這樣的原則，在實用上不切實際。因為你沒辦法把每一個人都納入研究案例，也沒辦法把所有因素統統加進來變成一個超級龐大的系統。」同樣地，若你把每個人都簡約成一個樣子，具有相同的人性及特質，這也是一樣毫無用處。

另一個 MBTI ® 常常被質疑的問題是準確度。這不是後來才發現的，當年伊莎貝爾在她的實際諮商中就已發現人格類型轉變的案例。她去參考榮格的書之後，發現這是一種反向轉化（enantiodromia）的心理現象。榮格的心理學充滿了相反與對立的精神，他認為我們在生活中所經歷的各種困惑來自於這些對立所產生的矛盾，而我們心靈的自我救贖就必須能夠在這些對立中找到補償與進行同化。另一個心理學家莫雷（Henry Murray），在哈佛的心理學中心開發人格學概念時，也在他們開發問卷的過程中注意到結果不穩定的現象。這使他們也不禁思索：難道人格類型並非固定不變？

其實人格是一種時間上的整體，做分析時必須把人的一生，起承轉合，當作一個整體來一起考量，而不是單獨的幾個字母的組合。人格分類的概念雖然注重人的內在及天生的特性，但人生的經歷與成長所帶來的變化不容忽視。年紀與人生階段，在我的人格分析及諮商中占有非常大的比例及重要性。因為人格是會發展的，而且是朝著一個有目標的方向及路徑（雖然你自己不知道）在前進。這是一個動態的過程，也解釋了為什麼許多人即使在非常誠實、自然的狀態下，但處在不同的人生階段，做出來的結果卻不一樣。

人格的動態的發展，其路徑必須奠基於一個「初始的偏好狀態」，而人格分類嘗試找到的就是你的初始狀態。讓我用系統學的角度來闡釋：每一種類型其實就是一種初始的偏好狀態，而這些初始狀態就影響了你進入系統（人生的環境）之後，較可能選擇的路徑。系統裡發生的事絕對不是靜態的，所以系統的輸出並無法早早被決定。然而根據初始狀態的不同，以及所推測它極可能走的路徑，我們預測的準確度還是可以大大增加。

為什麼 MBTI ® 具有這樣的魔力？為什麼大部分的使用者會對於這套工具帶著強烈的使命感？

我想，是因為它把心靈的問題及個人救贖的追求，用有形世界所能理解的方法表述出來。藉由發現及培養真實的自我，進而推展出一個人與人之間能更容易互相了解並體諒的世界。

榮格經典語錄

"Every human life contains a potential,

if that potential is not fulfilled, then that life was wasted."

每一個人的生命都具有潛能。

如果這個潛能不能被發揮，此生就浪費了。

Contents 目錄

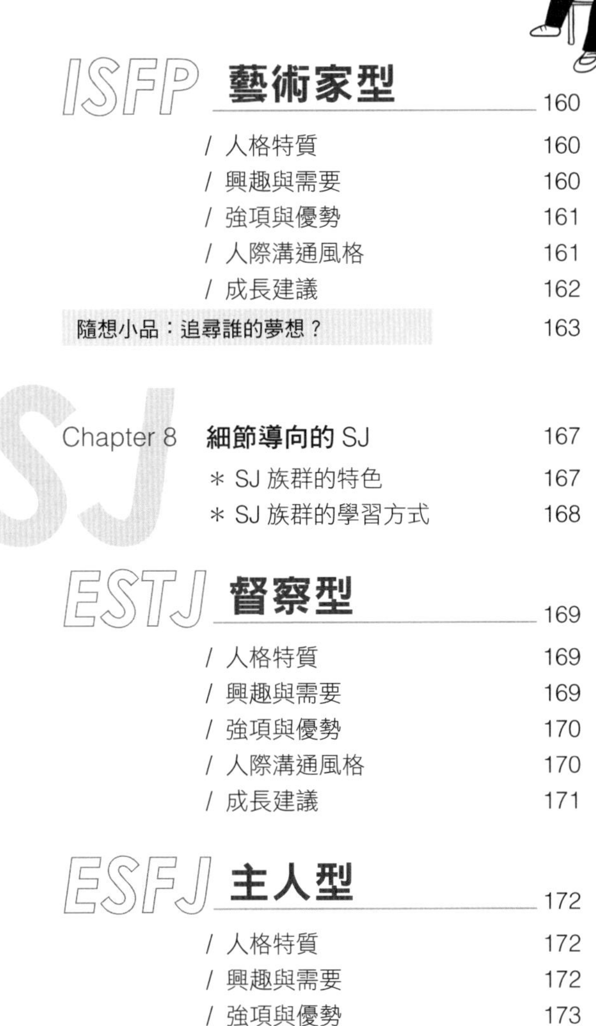

榮格經典語錄

"Knowing your own darkness is the best method for dealing with the darknesses of other people."

先認識你自己的黑暗面，

是讓你能夠處理他人的黑暗面的最好辦法。

MBTI

發現你的

認知偏好

Chapter 1

踏上自我認識之旅

你是否曾經疑惑自己到底有什麼特殊過人之處？有些事自己好像做得不錯，很容易就理解或達成；卻也有些事會覺得困難，笨手笨腳的。而奇怪的是，你覺得容易或困難的事，很可能跟身邊的其他人非常不同！別人覺得難的事，你可以不費吹灰之力；而別人輕鬆做到的，你卻覺得壓力很大，搞了半天還是搞不定。

無論在家裡，在學校，在朋友群之中，我們都可以看到，每個人似乎都非常不同，同時卻也有一些相似之處，但我們卻無法有系統地解釋這之間的差異性到底源自何處。

這本書的目的，就是幫助你藉由探索人格類型的不同，進而瞭解到自己在學習及人際關係上的特色與優勢。同時也學習到，每個人都是具有某種天生的強項，正所謂

「天生我才」。

人與人之間的差異，造就了我們在群體生活中的多樣性及互補性。就像我們身上的各種器官，各有其巧妙的功用，雖然只專門負責某一種特殊的作用，卻是各司其職，才能共同整合成一個完美的系統。試想一下，若是一個人全身都是眼睛，沒有鼻子，沒有嘴巴，那該如何正常運作呢？我們的社會也是如此，正是因為擁有了這些具有不同特性及強項的人，聚在一起，彼此互補，我們才能打造出更加強大，也更有趣的生活。在這當中，我們每一個人，不管具有什麼樣的功能，或明顯，或隱晦，都是缺一不可的，都是上天賜給我們的一塊材料。

在瞭解了人與人之間的不同天性之後，我們也更加可以學會去欣賞那些和我們不一樣的人。當你和朋友、家人之間因為某些事情不能互相理解、當你納悶或生氣別人為什麼聽不懂你說的話（或你聽不懂別人說的話），不能接受你的觀點（或你不能接受別人的觀點），或為什麼他們不能用你所期待的方式與你互動的時候，藉由 MBTI ® 的知識，你將會了然於胸，更有包容力，更知道如何去與他們和平相處。

MBTI ® 這套人格類型的分類系統，理論來源於著名的瑞士心理學家榮格，之後由美國的凱薩琳．布理格斯（Katherine Briggs）及伊莎貝爾．邁爾斯（Isabel Myers）經過長年觀察研究漸漸發展出來的。因此這個 16 種類型的人格系統，後來被正式命名為 MBTI®（Myers-Briggs Type Indicator），從 1960 年代開始，先是在學術界及業界進行驗證，後來被推廣應用到學校及職場。

> 文明的展現在於鼓勵差異性
>
> ～甘地

六十年來，MBTI® 經過反覆的研究、收集、採樣、及修改，不斷地增加其深度及廣度，現在已發展成為全球最著名且準確的性格測試工具之一。它並不被用來測試心理病態問題，而是在反映普遍及健康的人格類型。MBTI® 對於個人成長、發掘人格潛能、改善人際關係，並了解自己在壓力下的心理反應，都很有幫助。尤其是對個人興趣及職業發展取向，具良好預測作用，所以被廣泛應用在包括教育界、職場培訓、增進團隊溝通、領袖訓練及個人發展等領域。

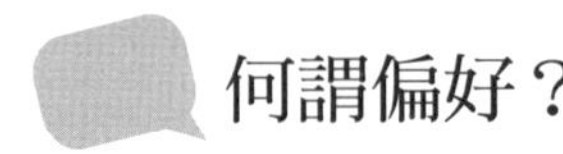

何謂偏好？

你平常是習慣使用右手，還是是個左撇子？

除非你因故只有一隻手，不然的話，大部分的人都會有一隻手是所謂的慣用手。而這所謂「慣用」，就是我們在 MBTI® 模式中所強調的「偏好」。

既是偏好，就表示它較常被使用，會被無意識拿來使用的比例較高，但並不是完全壟斷。慣用右手的人，並不是時時刻刻都只會使用右手而已，偶爾左手也是會幫忙出力的。有的人甚至兩隻手都很靈巧，可以左右開弓，那有可能是天生的，也有可能是因為他會經常切換、練習，運用兩隻手一起做事。

MBTI® 的模式裡面，共有四個心理特徵的指標，每個指標各有一對不同的偏好，也就是可以使用的兩隻手。而每一個偏好（右手或左手），就導向了某種特殊的心理認知方式。

當我們嘗試要瞭解一個人的偏好時，必須記住，這只是分辨其中的「慣用手」，並不能因此忽略了他實際上擁有兩隻手。也就是說，我們不能因為一個人的偏好而判定這個人只有右手或是只有左手。也許他所不慣用的那隻手的確很笨拙，但在一些人身上，即使是非慣用的那隻手依然相當地靈巧有用呢！有可能是因為他受到家裡或身邊的人影響，耳濡目染，或者是因為他經過刻意的練習。

偏好的關鍵是用的舒服，用的省力，並不是 0 與 1，黑與白，這種極端反差的比較。

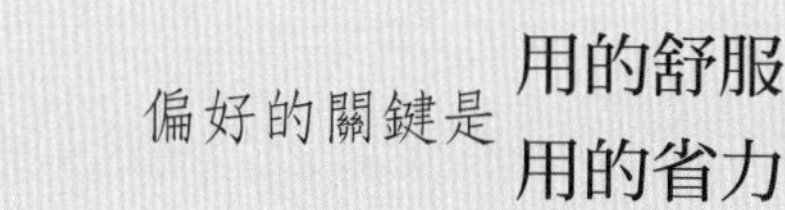

「天生我才」偏好卡

以下共有四組卡片，每一組裡面都有兩張不同描述的卡片。

請從每一組當中，挑出一張你覺得描述與你比較相符的。

所謂「與你相符」的意思，就是也許描述的內容不是 100% 完全符合你的情況，但是整體契合度與另一個描述比起來是比較高的，或是較常發生的。尤其是在你最自然、最自在的狀態，也就是說，並非是為了符合他人的期望或要求所產生出來的行為表現。所以你可以留意分辨一下，你的某些行為是否是因他人而有所改變。

榮格經典語錄

"In all chaos there is a cosmos,

in all disorder a secret order."

每一個混亂裡都有一個宇宙，

每一個失調裡都有隱藏的秩序。

我在發言之前習慣把想法先整理好，想得清楚一點，不然不會過於主動。雖然也喜歡和朋友聚在一起，但不會整天或大量時間耗在一起。我的交友狀況會集中在幾個比較親近的朋友身上。大型聚會過後我更享受一個人獨處。除非有特殊需要或目的，平時很少會主動和陌生人交談。

在眾人面前若有問題或需要發言，我不會膽怯，很容易大方表現自己的想法。平常喜歡往外跑，或加入群體的活動。可以輕易切換至不同的人群中。在與人互動或共事的過程中覺得能量滿滿，雖然有時也會需要休息一下，但感覺非常自在，效率很好。

我常常會很自然地從少數的訊息中自行拼湊出一個畫面或藍圖。我不需要大量的細節，也不在乎是否以前曾經出現過。我喜歡憑空想像，嘗試創造出新的選項。我喜歡花時間在概念性的、理念型的話題，勝過實際的操作或練習。

當我在吸收新資訊或學習新事物時，希望能有很具體的說明與指導，實際的例子，或可體驗的內容。對我來說，已知的東西比較可信；發生過的，看得見的，可掌握的，會比未知的、空泛的想像更容易接受。

與人互動時我較常感受到自己或別人的情緒，無論是好的壞的，而這可能會影響我的行為或決定。我希望人與人的相處能夠有更多的欣賞及體諒。我在乎別人的態度是否友好。我對別人的幫助更依賴的是內心的感受更勝過於能力。

與人溝通或需要做判斷時，我比較看重事情的合理性與一致性，更勝過人的情緒所帶來的變數。我能輕易地對事不對人，保持客觀公正。雖然有時候我也可以瞭解別人的感受或影響，但相對來說，我比較不容易受感覺的干擾或牽絆。

我比較隨性，生活態度較是隨遇而安的。對於變化，我習慣保持開放性及彈性，不至於對我造成太大的壓力。臨時抱佛腳或拖到最後一刻一氣呵成，是常見的情況。我不喜歡急於做決定。對我來說，享受過程更勝於結果或目標。

我喜歡事先知道事情的計畫或安排，不太喜歡臨時改變。做事情我通常會先有目標，想好如何去達成。生活上比較喜歡有次序、有節奏。若是有許多事情積壓，沒有整理或完成，我會覺得有壓力。我喜歡有足夠的時間去做規劃。我對事情比較有主見，有掌控性。

當你把前面的這些偏好卡，四組中各挑出一張，就可以把它們組合在一起。

偏好的組成與代碼

你所挑選的這四張卡，就對應了 MBTI ® 模式中的四個偏好指標。

每個指標的偏好（無論你選的是右手或左手），都可以由一個英文字母來代表，它代表的是這個指標的二選一的天生傾向或偏好。把這四個偏好的字母合在一起，就組成了 MBTI ® 的人格類型代碼。

以下是這八個偏好字母的選項：

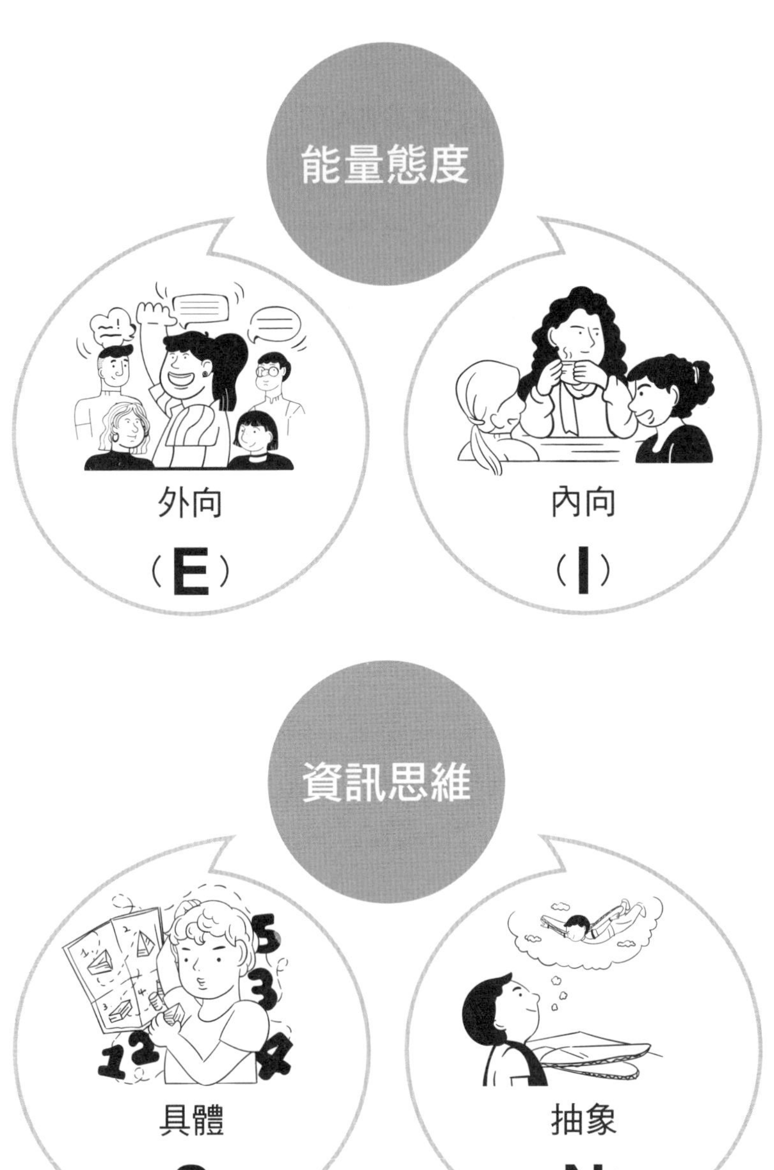
能量態度
外向
（E）
內向
（I）
資訊思維
具體
（S）
抽象
（N）

判斷思維
理性
（T）
感性
（F）
反應態度
計畫
（J）
適應
（P）

在這裡寫下屬於你的 MBTI® 人格類型代碼

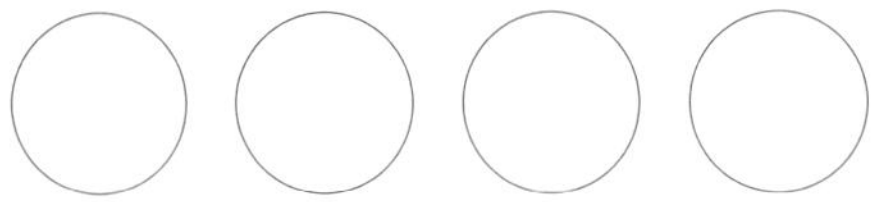

在接下來的四章裡，我們將更仔細去說明這每一個指標及其偏好之間的差異。請你一邊閱讀，一邊確認你上面所選擇的偏好卡是否正確。有可能在深入瞭解之後，你的答案會重新調整喔！

> 人格類型強調的是
> **較常比例的偏好**，而非絕對或唯一的選擇，
> 是**內在動力的來源**，而非外在行為的彰顯。

隨想小品 忘了我是誰

她話不多，神態間帶著一點點的侷促不安。雖然以十歲的孩子來說，她已算是很淡定大方的。而她的眼神似乎總是在尋找著什麼可以吸引她的東西，手指頭忍不住悄悄地游移著，不時地探索身邊的椅套、抱枕、或者馬克杯。

十歲的安安是一個很平凡的女孩，成績平凡，生活平凡，和爸爸媽媽住在繁忙擁擠的大都市裡。受過高等教育的媽媽希望能好好栽培這個唯一的孩子，但一直為了無法理解安安的一些行為而感到非常煩惱。在媽媽的眼裡，安安沒有任何明顯的興趣或強項，從不好好做些「正事」，卻喜歡看到水窪就往裡跳，玩泥巴玩到出神，站在高處嘗試一些看似危險的動作，撫摸小動物愛不釋手，等等。媽媽心裡總是憂慮安安是否在某些方面不太正常，為什麼不能就像她自己一樣，喜歡看書，享受乾淨、規矩的生活環境，學些一般小孩都會喜歡的東西，非得要每天找這些麻煩上身，讓她不得安寧。

我告訴安安的媽媽：「她其實是個典型的吉普賽女

孩。而妳就得調整心態，讓她有足夠的機會去過吉普賽式的生活。」

十歲的安安雖然自己不知道，也說不出來所以然，但是她用她自己對這世界獨特的探索方式來表達她的需求。其實骨子裡（或說潛意識裡），她很清楚自己的樣貌，應該適合做什麼樣的事，走怎樣的路，她會用自己的語言透露出這些訊息。但是我知道，今天如果我沒有及時讓她的父母了解到這一點，再過不了幾年，安安很快就要忘了自己是誰了。

這麼多年的諮商經驗中，從五、六歲的天真幼童，到面臨人生壓力及危機的中壯年，形形色色的案例，讓我不經意歸納出一個有趣的現象。其實大部分的孩子在小學，甚至剛剛上初中的階段，都還滿有意識（或是潛意識）地知道自己特長做什麼，適合什麼，喜歡什麼。但很奇怪地，一到高中時期，或者上大學，最嚴重的則是剛剛出社會的時候，大部分的人就突然變得茫然、不知所措，說不出自己到底有什麼特別，有什麼特長，有什麼熱切的喜好及夢想，對於自己的未來是一片困惑。

不是每一個人都是自己的英雄嗎？這些英雄都躲到哪裡去了？

好像我們出生前喝的孟婆湯，藥效拖延了多年，在成長過程中一點一滴地滲透，直到這個「轉大人」的青春期，才終於把我們侵蝕盡淨，讓我們徹底忘了自己到底是誰。

其實青春期本身就是在經歷一個劇烈的身體及心理的變化，同時，也是我們開始進入社會化的準備階段。在這個時候，孩子開始更有意識地認知到自己和別人的相異與相同。

孩子的世界，在青春期之前，人與人之間的差異是很籠統、模糊的，包括性別、喜好、個性、家庭背景等等。正因如此，他們可以大剌剌地做自己，也可以自在地交朋友，赤誠以對，而不覺得有何顧慮或不妥。這是一個寬容時期，個體性的展現是自由而放大的，對於社會規範的學習則仍在學步期。

但進入青春期之後，社會化的腳步急速運作，他們開始在乎別人的眼光，開始敏感於自己是否能融入群體，於是乎有了同儕壓力。在努力社會化的過程中，個體性會有意無意地被抑制。然而相反的是，在父母之前反而要更加證明自己是個具有獨立思想的個體，是與其他人不同的，是要分離出來的，這是「個人化」（individuality）的繼績。所以，「個人化」與「社會化」這兩個非常不同的作用，形成了一個壁壘分明的拉鋸戰。

英雄的特色本來在童年時期是很清晰的，青春期開始產生的對立則是一個危機。若在年幼時不曾穩固好自我認同的角色，爾後就會越來越難化解這樣對立所帶來的矛盾。

我最常看見的例子，是在一個長期壓抑的環境底下，身邊的大人們不但不能理解孩子的特質及需求，不能鼓勵他／她發展適合自己天性的強項，反而要把他／她套進大人自己設想好或以為正確的模子裡。這樣的過程最後造成許多人喪失了對自我的認知，變成一昧地應和他人及社會的期待，而真的忘了自己究竟是誰了。

什麼是壓抑的環境？這是好多層面的環環相扣。整個社會文化的價值觀是最外圍的，但也是我們很難去掌控的。其次就是教育制度。現今教育體制下的學習方法，其實只適合某一種類型的孩子，我諮商分析的案例中就有許多的孩子，他們具有非常不同的學習方式及動機，具備不同的智能面向，卻必須在這樣僵化的體制下把孩子集中起來，用同樣的方法來教育，且被迫學習一些不適合他們，或他們不需要的內容。簡單的原因是這樣便於管理，節省成本。別以為這種孩子只是少數，我估計就算不到一半，至少也有三分之一。在這種以減少差異性為主的體制下，把孩子統統教成一個樣子，思想越來越不能跳脫所被灌輸的框架，越來越失去對自我特色的認識，也就越來越喪失了自行尋找出路的能力。

能夠影響孩子的，離我們最近的一層，也是我們最低限度能做到的，就是身為父母、老師、或長輩，要記得我們是這些下一代的英雄們的導師，也是滋養、支持他們的重要人物。在無法左右大環境，又無法選擇教育體制的情況之下，親近的父母及長輩的支持顯得格外重要。但是很多父母常常忘記孩子其實是獨立的個體，他們擁有自己獨特的東西，不見得是要和父母相似的。所以當父母覺得孩子的性格難以理解時，正是我們應該虛心下來，把他／她當成另一個值得尊重的「他人」，而不是自己的「財產」，強要把自己認為對的或好的方式加諸其上。

我很喜歡用來自台灣的知名時尚設計師吳季剛來做例子。他為歐巴馬夫人在 2008 年的總統就職典禮設計禮服之後一舉成名，立即成為時尚界的新寵。他在台灣的成長過程中與一般小孩學習以及喜歡的東西迥然不同，而他的母親決定支持他，幫助他朝自己的熱情發展，所以讓他很早就開始邁向這條令他快樂又成功的路。他在接受訪問時說：

「在我知道自己是誰之前，我的家人就已經知道我是誰。這點我以我的家人為榮……爸媽常跟我們說，認識自己是誰，並要持續成為那樣的人……知道自己是誰，就會做到最好；持續發展自己的專長，做喜歡的事，就幾乎沒有任何理由不對自己有自信。」

回到吉普賽女孩安安的故事。安安的爸爸鬆了一口氣，說其實他本來也覺得女兒沒有什麼太大問題，只是他們真得不太了解她一些行為背後的動機，因為她跟他們是如此不同。而安安的媽媽，在認真的思考及檢討之後，願意接受我所給予的諮商建議。幾個月之後，我接到她的來信：

「妳給我很大的幫助，讓我能更加清晰、立體地看待我的女兒，也讓我在心態上輕鬆了很多。面對她的很多看起來不可思議的行為，也多了一份理解和寬容，不再像以前要求那麼嚴苛。我開始給她很多的自由，她最近明顯快樂很多，只因為媽媽對她多了那麼一點點的理解。」

真正令我感到欣慰的是，我又拯救了一個英雄的童年。

榮格經典語錄

"Thinking is difficult, that's why most people judge."

思考是困難的，這是為什麼大部分的人只會論斷。

Chapter 2

能量態度（E/I）

我們每個人的心理能量及注意力都是有限的，而我們會如何吸收能量，以及選擇把我們的能量及注意力導向何處，就稱為能量態度。能量態度以「流向」來區分：

> 若你傾向於把注意力與外界的人事物連結，並因此覺得獲取能量，更有動力，這就屬於外向型（E=Extrovert）。

> 若你傾向於把注意力保留給自己，且在獨處的時候更能感覺到能量匯集，這就屬於內向型（I=Introvert）。

E 的人表達快速直接，可以在人多熱鬧的場合社交很久也不覺得累，跟不熟的人在一起也能輕易接觸。

I 的人並非不喜歡參加社交活動，只是在比例上會較少，會較常需要獨處的時間及空間，在社交關係上選擇性較強，較重視隱私。

I	E
• 較保留想法	• 表達直接明快
• 注重隱私	• 喜愛群體
• 內省的	• 行動的
• 深度勝於廣度	• 廣度勝於深度

如果你的第一組卡片的選擇是右手，你的偏好是 E。

如果你的第一組卡片的選擇是左手，你的偏好是 I。

以下的圖片更多地比較這兩個偏好在不同場景下的表現特徵，以幫助你更加確認。

榮格經典語錄

"The greatest tragedy of the family
is the unlived lives of the parents."

原 生 家 庭 帶 來 的 悲 劇 通 常

來 自 於 父 母 自 己 未 能 實 現 的 人 生 。

1 較常從獨處獲取能量，若是活動太多，就容易覺得疲倦。

較常從外界獲取能量，若是活動太少，
就容易覺得無聊或提不起勁。

1 較容易因為腦袋裡想太多而不專心。

E 較容易被外界的對話吸引而分心。

1 先觀察、考慮，再採取行動。

E 先行動，再思考。勇於嘗試。

課堂上討論意見時會先在心裡想好，有把握之後再發言。

課堂上討論意見時反應較多，較快。

1 喜歡自己一個人做自己喜歡的事。

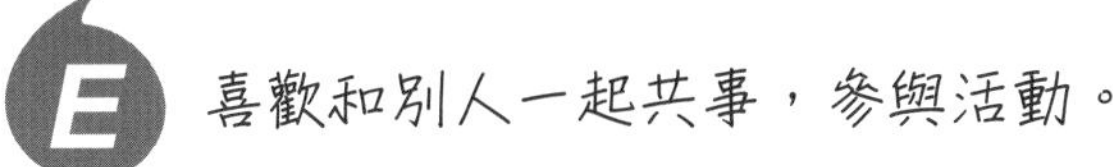

E 喜歡和別人一起共事，參與活動。

比較不容易瞭解他在想什麼，只跟比較熟的人分享。

E 很容易分享自己的想法，很容易與之對話。

E vs. I 對於人際互動的不同需求

(1) E 的邀約

E 下課後我們一起去圖書館寫功課，好嗎？

I 哦，對不起，我想準備一下下周的數學考試。

E 對耶，我也有考試，那我們可以一起複習。

I 我比較想要一個人複習，不然我容易分心。下次吧！

E 哦！沒關係。我去問別人好了，因為我覺得跟別人一起唸書複習比較有趣。

(2) 幾天之後

E 今天放學後要不要一起寫功課？

I 嗯，好啊，我們可以去圖書館。

E 太好了！我也想問問凱琳和杰倫要不要一起去。

I 凱琳和杰倫？我不太認識他們耶。

E 但是我覺得人多可以互相幫忙，討論起來也比較有趣。

I （面有難色，猶豫中）

(3) 在圖書館一起複習功課

E 我們要不要來抽考英文單字？妳先來考我。

I 我想先自己讀，之後再來用抽考練習。

E 喔，那我們可以一起討論這次數學要考的範圍。

I 一起討論？我們不能各自念各自的嗎？

E 喔，我以為我們是要一起複習的。

I 我比較喜歡自己一個人念書，會讓我比較專注。和其他人一起會讓我覺得挺累的。我覺得我們倆還是各自讀自己的書，這樣比較好。

E 哦，原來如此。我想我們的學習方式不太一樣。好吧！那我們就一邊安靜地唸書，一邊享受彼此的陪伴。

> 如果你不知道外向的人在想什麼，
> 那是因為你沒有好好聽他們說。
>
> 如果你不知道內向的人在想什麼，
> 那是因為你沒有去問他們。
>
> ～伊莎貝爾・邁爾斯

E的人需要I的人，才能多加觀察與考慮，避免衝動。

I的人需要E的人，才能把想法往外拓展，與世界連結。

Chapter 3

資訊思維（S/N）

我們認識這個世界，包括對人事物的察覺及瞭解、吸收資訊、或學習新知等等，可以採用兩種非常不同的方式：具體或抽象。

第一種認知方式是會注意到訊息的實際面及細節，尋找是否能與其他資訊做比較，參照類似的例子，或實地體驗。若你偏向使用這種，那麼你的資訊思維就屬於具體型（S=Sensing）。

第二種認知方式則是藉由一些已知的訊息去想像那些還未曾發生的可能性，去填補空缺的資訊，勾勒整體的概念，且在這過程中通常會激發新的靈感，或想嘗試新的方法。若你偏向使用這種，那麼你的資訊思維就屬於抽象型（N=iNtuitive）。

S 的人著重感官經驗及實際具體的資訊，細節感知能力及實踐能力較強。但因為花太多注意力在細節而看不到事物整體的樣貌，容易「見樹不見林」。

N 的人習於想像及抽象思考，擅長整合零散資訊，把點與點之間連成線，掌握大方向。但因為習慣性跳到概念的建構，而容易缺乏細節，「見林不見樹」。

- 想像的
- 概念性的
- 未知的
- 整體的藍圖
- 天馬行空的

S

- 明確的
- 實用的
- 已知的
- 有細節的
- 可體驗的

如果你的第二組卡片的選擇是右手，你的偏好是 S。

如果你的第二組卡片的選擇是左手，你的偏好是 N。

以下的圖片更多地比較這兩個偏好在不同場景下的表現特徵，以幫助你更加確認。

榮格經典語錄

"Intuition does not denote something contrary to reason, but something outside of the province of reason."

直覺代表的並非和理性作對，

而是它位在理性的轄區之外。

N 收取一些資訊之後，很快就跳到其最終的意義，或想像其他可能性。

S 收取實際可靠的資訊，注重現在或過去的經驗。

很容易會忽略細節，較大而化之。

S 很自然會注意到細節，記住事實。

N 學技能時很快就想用不一樣的方式來試試看，不喜歡一直重複。

較認真去練習所學到的東西或技能。

N 喜歡先知道整體的架構及樣貌，之後再去挑一些重要的細節。

S 喜歡先知道具體的細節，之後再慢慢拼湊出整體的樣貌。

N 較喜歡接受一個整體性的任務，然後由自己去填空裡面的步驟。

S 接受任務時，希望能收到很具體的指令及說明，可以參照。

S vs. N 對於策畫事情的不同想法

(1) 園遊會活動點子討論

S 這次園遊會，我希望我們班的攤位能有很好的人氣，賺很多錢！

N 對，我們一定要搞得有聲有色，讓人印象深刻。

S 我們要不要來賣最近很流行的的牛軋雪花酥餅？那個很容易做。

N 牛軋雪花酥餅？我們要自己做餅乾？

S 我聽說另一個學校的園遊會，賣這個的那攤生意超好的。他們做得很漂亮，又好吃，大受歡迎。

N 可是我不太想賣吃的。我想做一些比較新奇有趣的。比如說，化裝舞會競賽，或者電子遊戲比賽。

S 可是我沒看過有人在園遊會上做這種，我擔心不受歡迎，也不知道要怎麼操作。我覺得還是賣吃的比較好，又簡單又保險。

N 但那沒什麼樂趣！我們應該做點不一樣的東西。這樣吧，我想到一個兩全其美的作法。

S 怎麼做？

N 我們可以做一個烘焙比賽加上義賣活動。我們提供場地、器具及材料，讓參加的人自己動手做，發揮自己的創意，然後有評審，最後拿去做公益。

S 嗯，這個點子好像還不錯。

(2) 園遊會分工及任務分配

S 我來負責預算，採購材料，及搭建場地，如何？

N 好啊！那我來負責專案企劃及行銷。

S 太好了！

N 我覺得我們的組合很理想耶！善用各自的強項，做自己喜歡的部分。

> N 的人常犯的錯是：
> 他們以為自己已經講得很清楚了，
> 但 S 的人卻是霧煞煞，抓不到具體的內容。

S的人需要N的人，以具有創新的勇氣。
N的人需要S的人，以注意到生活的實際面。

隨想小品

影子老虎

它是影子，也是老虎。

當我們認識自己的時候，它就是我們的影子；當我們喪失自己的時候，它就變成老虎。

在李安的電影作品《少年 Pi 的奇幻漂流》裡，他把層次提高了。人性，他在之前已探討了很多，這次，他帶我們去經歷一個靈性的旅程。

從人性到靈性，有兩條路：往上，或往下。往上，那是一片美好安樂之土，我們可以在修道院裡面修身養性，反躬自省，通曉神喻。往下，掉入憂患、恐懼、鞭撻、醜惡的深淵，在貪婪、驕傲、仇恨中打滾，嚐盡真實世界的苦楚與艱辛，最終找到那一個通天的梯子。

無論走哪條路，謙卑地認識自己，永遠是人們找到真理的第一步。如果夠聰明，我們就可以選擇捷徑，謙卑自省，往上直行。若不然，只好迂迴繞道，非得要粉身碎骨，死過幾回，才能找到那一條昇華之路。

少年 Pi 所經歷的奇幻漂流是否真實並不重要，對我來說，這個故事其實是一個隱喻，是一個人在生存過程中，面對極度挑戰、恐懼、及掙扎的象徵。就像 Pi 所遭遇的不幸，很多時候，我們的沉淪真的是非己所願，但是 Pi 的故事讓我們驚異地發現，當你沉淪的時候，溺斃不是唯一的選擇。

很多評論這部電影或小說的人都提到了，Pi 之所以能在那一片無助的汪洋大海中奮戰兩百多天，奇蹟式地存活下來，完全要感謝那隻與他同舟共濟、時時威脅著他的老虎。被老虎吃掉的暴力恐懼讓他更加警醒，比起大海的無情及無望，反而更加激勵他求生的意志。

其實在我們每個人的人生漂流際遇裡，都有這樣一隻老虎。那隻老虎，並不是任何逼迫你的人，也不是與你作對的環境。大海是那個環境，有時風平浪靜，有時教你喪膽。而蜷臥在救生艇的另一側，虎視眈眈要把你吃掉的，其實是你自己的影子。

這個影子，是我們內在的一部分，是我們身為一個完整個體的一部分。但它是我們裡面最脆弱，最無能，最害怕曝光的那一部分。它是被隱藏的，但卻是我們通向潛意識，認識真實自我的重要橋樑。

我們活在世界上，是「我」這個獨特的個體，在和其他許多獨特的個體互動、交往，不可能凡事總是按照我們我們的喜好。於是我們會需要去調整自己，適應環境。無論做人還是做事，我們漸漸會開始發展我們本來不熟悉，或使用得很笨拙的功能，這就是我們性格逐漸圓潤、邁向成熟的一個過程。但是這個讓原本掩埋在潛意識裡的部分浮到意識層面來的過程，會以什麼樣的方式呈現呢？是以一種很優雅的方式被介紹出來，還是很粗暴地不請自來呢？

榮格相信，我們天生有一種驅動力要整合人格當中不同部分的我。但當我們把重心放在應對外在複雜的世界的時候，我們常常讓自己被劣勢的部分占據，忽略或犧牲自己真正的強項。唯有當我們先好好發展一個健康完整的自我意識之後，才可能安全穩妥地發掘並滋養我們的影子人格。若不然，我們只是窮於應付外面世界的要求，胡亂從口袋裡拿出一些不太會用的工具來獻寶，班門弄斧，錯用技能。最終結果就是失了本我，反而不認識自己是誰，迷惘於自己的人生究竟想要什麼，該做什麼。

那個脆弱無能的自己，它既是影子，也是老虎。雖然剛開始我們會覺得害怕，厭惡、唾棄，但是當我們真正認識自己，能夠勇敢去面對它、承認它、駕馭它，與它為友的時候，它就只是我們的影子，跟隨左右。但是當我們喪失自己在恐懼於拒絕的情緒中，它就是一隻惡虎，隨時可以把我們無情地吞噬。

這隻影子老虎跟我們共生共存，同榮同損。

在漂流的過程中，Pi 經歷了海上劇烈的暴風雨，讓他既驚恐又謙卑地完全降服於造物主，讓他以為自己已然挫敗，即將陣亡。醒來之後，他看見老虎 Richard Parker 也已奄奄一息，所剩無幾。他靠過去，把老虎虛弱的頭抬起，放在自己的大腿上，輕輕撫慰，並流下真情的眼淚。面對那個陪伴自己奮力生存的戰友，此時 Pi 對它已經沒有任何的恐懼和厭惡了。他終於明白自己和它是一體的，是相依為命的，他其實是倚賴著這隻老虎才能夠存活至今。

若我們拒絕與我們裡面的那隻老虎在人生的風暴中共享救生艇，那就是拒絕讓我們自己勇敢地面對挑戰，以臻成熟。當我們硬要殺死在我們裡面的那隻老虎時，我們就是在殺死自己的一部分，它若死了，我們也就不完整了。我們並不會因此感到鬆一口氣，反而會有一種悲傷，哀悼自己始終無法相認的那個影子。

真情至性的成熟，是一個接納自己且忠於本我的成熟過程。一個真知道自己的軟弱，並能找到適合自己的特性來應對變化萬千的世界的生存法則，才是讓我們的人生能夠活得自在的祕訣。

這是一條漫長的旅程。有可能你運氣好，碰到的是往上直行的路，可以微笑對著自己的影子打招呼。也有可能你要經過不斷的波折與試煉，在險境裡與這隻凶惡的老虎纏鬥，耗盡一切能量，奄奄一息。

但是有一天，當你看到那隻老虎離你而去，完全沒有留戀，頭也不回的時候，你就知道，它已經完成它的任務，再也沒有存在的必要了。你已經安全上岸，找到獲救的路了！

榮格經典語錄

"A man who has completed his whole life is in conformity with the character he has formed since childhood."

一個人畢其一生的努力，

就是在整合及成全他自童年時代就已形成的人格。

Chapter 4

判斷思維（T/F）

當我們面臨某個狀況，必須做出判斷或決定時，所依據的最重要的價值觀或原則，就區分出了我們的判斷思維。

如果你看重的是「事情」，是客觀的評估，習慣根據清晰公正的法則，不太會因為個人或情感因素而動搖，那麼你就偏向於理性型（T=Thinking）。

如果你看重的是「人」，比較願意在不同情境下做不同轉圜，覺得維持人與人之間的和諧比規則更重要，較在乎內心的感受，那麼你就偏向於感性型（F=Feeling）。

T 的人注重原因和結果，以及此決定的功效性。對 T 的人來說，所謂的「公平」是「有標準的一致性」。

F 的人看重關係和人性，以及此決定對於相關的人的影響。對 F 的人來說，所謂的「公平」是「在乎或關注到人的需要」。

F	T
• 在乎人的	• 一致性的
• 情境的	• 合理的
• 社交的	• 冷靜的
• 和諧性的	• 批判性的

如果你的第三組卡片的選擇是右手，你的偏好是 T。

如果你的第三組卡片的選擇是左手，你的偏好是 F。

以下的圖片更多地比較這兩個偏好在不同場景下的表現特徵，以幫助你更加確認。

榮格經典語錄

"Until you make the unconscious conscious,

it will direct your life and you will call it fate."

潛意識如果沒有進入到意識層面，

它就會一直掌控你的人生，

最終成為你所以為的「命」。

F 所謂公平的規則是看這規則是否能針對不同的人，或不同情境的需要。

所謂公平的規則是看這規則是否能被所有人一致性地遵守適用。

F 做決定時會看重對於當事人來說什麼是最重要的。

T

做決定時根據每個選擇本身的合理性，及其是否符合邏輯。

F 傾向於欣賞事物的美好，給予支持與鼓勵。

T 傾向於看到事物的瑕疵，給予客觀的批評。

T vs. F 對於觀看影片的不同角度

F 你看了最近非常火紅的韓劇《魷魚遊戲》嗎？

T 有呀，剛好上周看完了。

F 我覺得這個故事對人性描述得非常到位，貪婪、自私、或善良，每個點都是血淋淋的，好寫實，好有感。我覺得這個編劇實在太厲害了！

T 是沒錯，但是劇中其實有很多不合理的地方。例如那位活動的創辦人老先生，為什麼要冒著生死去參加活動，要是萬一自己也死了怎麼辦？還有好多不合情理的地方，說不通。

F 我覺得瑕不掩瑜。你不覺得劇中人物的性格刻畫非常生動嗎？他們經歷了那些恐怖的自相殘殺，暴露出各自的弱點。還有，這些人物在社會中遭遇到的不公平、無力感，等等，讓我看了都好有感慨。

T 可是我覺得劇情有太多漏洞，和不合理的地方，還有很多細節其實很不真實，這些都會讓我無法進入情緒裡面。反正我覺得這只是個故事，看看就好，不用太認真。

> 理性與感性，就像是你在看電視時
> 可以選擇的兩個頻道。
> 你可以選擇調頻到事情的合理性，
> 或者是選擇調頻到人們的感受，
> 不管是選哪一個，如果你單單只看其中一個，
> 你都會漏掉許多重要的資訊。

T的人需要F的人，來提醒他們人們的感受與人的重要性。

F的人需要T的人，以便更加客觀地評估優缺點。

榮格經典語錄

"Your visions will become clear only when you can look into

your own heart. Who looks outside,

dreams; who looks inside, awakes."

人只有當能夠察看自己的內心深處時，

他的視野才會變得清晰起來。

向外看的人在作夢；向內看的人會甦醒。

Chapter 5

反應態度（J/P）

我們在日常生活中，總有許多要處理的事情，要完成的計畫。你是如何反應來自外界的需求，例如學校的功課或與朋友之間的共事，以達成任務？

如果你比較習慣採取積極或主動的反應，迅速做出決定及規劃，比較有條理，有目標，那麼你是屬於計畫型（J=Judging）。

如果你比較習慣採取觀望態度，花較長的時間停留在收集資訊，且走且看，保持很大的彈性，不急於下結論或採取行動，那麼你是屬於適應型（P=Perceiving）。

J的人習慣很快地整理、歸納資訊，然後決定如何應對。對他們來說，事情若沒有得到一個可掌控或預測的結論，心裡會不安。他們不喜歡處在懸而未決或拖泥帶水的情況，通常做事比較有條理，有計畫性，目標清楚。

P的人較喜歡繼續停留在認知察覺的階段，觀察風向，順勢而為。他們的生活態度是較隨性的，船到橋頭自然直，因此對於突如其來的改變能輕鬆適應。由於他們不急於下定論或採取行動，會給人感覺比較沒有主見，或者是「老神在在」及「慢郎中」的印象。

P

- 看情況的
- 有彈性的
- 過程導向的
- 隨遇而安的
- 開放性的

J

- 做決定的
- 可掌控的
- 目標導向的
- 有組織條理
- 收斂性的

如果你的第四組卡片的選擇是右手，你的偏好是 J。

如果你的第四組卡片的選擇是左手，你的偏好是 P。

以下的圖片更多地比較這兩個偏好在不同場景下的表現特徵，以幫助你更加確認。

P 學習方式比較適合用探索性的，開放性的。

J 習慣學習的方式是有組織性的，且可預測的。

P 喜歡把工作與娛樂結合在一起。

J 事情先做完，才能放輕鬆去享樂。

P 隨遇而安，很容易跟著狀況而改變或適應。

J

喜歡事先知道計畫或安排，不喜歡臨時有改變。

P 計畫與承諾代表的是一種意願，但事情還可能會有變化。

J 計畫與承諾代表的是明確要去達成的。

P 計畫不是固定的，會一直保持開放態度，直到最後一刻才充滿能量，一鼓作氣完成。

J

做計畫時很有能量，希望盡量能在期限之前完成工作。

P 不主動或急於做決定。

J
習慣較快做決定。

P vs. J 對於行程安排的不同

P 暑假要來了，我們找個時間一起出去玩吧。

J 好喔！要不要去坐熱氣球？前幾天我看到朋友的IG，她在台東鹿野的熱氣球上拍的照片，好漂亮喔！

P 熱氣球？好耶！我從來沒坐過。

J 那我們也找凱琳、偉恩、光妍他們一起去玩。

P 好啊！好啊！

J 我問了大家有空的時間，凱琳是 7 月 15 日、偉恩是 7 月 20 日，光妍是 7 月 25 日，你覺得哪一天好？

P 現在約會不會太早了，等時間快到了再來約好了。

J 我想訂一個時間下來，這樣可以先定是訂住宿，大家也比較好安排其他事情。

P 住宿的地方很多，不用急著訂吧！我覺得不用急，因為誰知道到時候又會有什麼其他變化。

再二週後

J 我們既然已經訂下旅行的時間，我建議先把熱氣球的入場券買好。

P 好啊。

J 那我們各自買自己的票嗎？還是一起買？

P 隨便。等你買好了再告訴我。

出發前五天

J 我好興奮喔，我已經開始準備打包行李了。

P 我也很期待呢！我應該去買票了。

J 什麼？你還沒買票？

P 還沒耶，因為我還沒想好要參加一個小時的還是兩個小時的行程。

J 只剩下五天了，可能沒有票了。

P 應該還有吧！

出發當天

J 你的票買到了嗎？

P 你是對的，我應該早一點買票的。現在票已經賣完了。沒關係，等我們到了那裡再看看，或許有些現場的保留票。

J （嘆氣） 其實我早已經猜到會是這樣了，所以就先多買了一張票。希望下次你能學習到教訓，不要再這樣拖到最後一分鐘。

P 太謝謝你了！ 還好有你幫我預先想到這些事！

> P的人並不是不能行動，
> 而是他們覺得：等到最後，不再有變數了，
> 一鼓作氣，會更省力。

plan B
plan A
J的人需要P的人，才能更有彈性，面對開放性選項。
P的人需要J的人，才能把計畫按序執行。

「近朱者赤」評估表

雖然在四個不同的指標當中，讓你從中各選出一個偏好，但即使是選擇同樣偏好的人，每個人的程度還是會有所不同。因為這個偏好的程度及表現，除了來自於你天生的傾向之外，環境中的耳濡目染也不可忽略。尤其以青少年的年紀及學生的身分來說，你會很自然受到身邊的人影響，包括家人、朋友、同學、師長等等。

請你用以下這個表格，來幫助自己回想、猜測一下，在你身邊，那些與你較常接觸、互動較多的人當中，他們各自大概具有什麼樣的偏好？尤其是那些跟你認識、相處時間很長的（例如家人），以及那些具有非常強烈及明顯的偏好及特質的人。這將會幫助你更深一層去思考，自己身邊是否有某些人，他的某個強烈的偏好有對你造成影響？

請在每對偏好虛線上填上一個人的名字，並且把他的偏好圈起來。

在你身邊有誰具有強烈的 E 或 I 的偏好？

E I

E I

E I

E I

E I

E I

在你身邊有誰具有強烈的 S 或 N 的偏好？

S .... N

S .... N

S .... N

S .... N

S .... N

S .... N

在你身邊有誰具有強烈的 T 或 F 的偏好？

T .... F

T .... F

T .... F

T .... F

T .... F

T .... F

在你身邊有誰具有強烈的 J 或 P 的偏好？

J .... P

J .... P

J .... P

J .... P

J .... P

J .... P

扼殺你工作動力的真正兇手

假設你是個父母，而你的孩子正在學小提琴。為了鼓勵他每天練琴，你想出這樣的辦法：如果他每天都乖乖練琴半小時，一個星期下來你會給他 100 元做為獎勵。

你自己覺得這樣是個好辦法，就像在工作上的報酬及獎賞制度一樣，有努力就有獲得，非常合理啊，甚至是天經地義的。

但我可以告訴你，除非你的孩子是個天生的音樂家，不然你的這種做法可以幾乎保證很快地（到了某個年紀，或當你停止獎勵），他就再也不碰小提琴了。

然而如果他真的很喜歡拉小提琴，甚至很有天賦，那麼其實你根本就不會需要用這招來誘發他，不是嗎？你可能要叫他停止不拉琴還比較困難。

這是內在動機（intrinsic motivation）與外在動機（extrinsic motivation）的天壤之別。在過去幾十年，心理學界對於這種動機理論已有許多著名的研究及實驗。誘因論（Incentive Theory）認為，人不管從事任何工作或行為，背後的動機都是為了某種獎勵，無論你自己是否知道。但重點是這個獎勵的來源（是內部？還是外界？）卻會影響我們長期以往的動機維持。

當我們做某件事的動力是來自外界給予的獎賞的時候，無形中（潛意識裡）就會讓我們把「做這件事」與「那個外在誘因」連結在一起，變成一種很實際的交易，進而壓倒性地勝過任何本來可能在我們心裡自然發展出來的興趣或內在動機。

所謂內在動機，就是你做這件事的動力單純來自從事這項活動本身。你是有獲得獎勵（reward）的，但那個獎勵來自行動本身所帶來的滿足感，不論是享受還是挑戰，並不是外界賜予你的某個報償，而是源於自身的內部獎勵（internal reward）。

當然，還有一種情況，就是你的動力是為了要追求某個外面的東西，例如金錢或者認可，並非別人提供的，而是你自己主動去追求來的，這算不算內在動機？這算是一種界於單純的內在動機與單純的外在動機之間的，「追求外界獎勵的內在動機」。

外界獎勵（external reward）可以在短時間有效地激起工作動機，但卻會破壞這件事與內部獎勵（滿足感、成就感）之間的聯結。自己主動去追求外界獎勵的內在動機，只是把動機維持的時間稍微拉長一點，一旦目標達到，極有可能你會發現自己並沒有像原本想像的那樣高興，快樂只維持了一瞬間，甚至反而覺得空虛。

所以，為什麼大多數的人工作一段時間時之後會覺得缺乏動力？原因很簡單，除非你從事這個工作能得到從自身而來的、源源不絕的內部獎勵，也就是你的興趣、熱情、天賦、適合你天性的驅動力等，不然的話，若單單只是為了五斗米這種外界獎勵而工作，不管你賺的錢是多是少，失去動力是遲早的事。

拿我自己為例子，當年我在做軟體工程師的頭幾年，就已經懵懵懂懂地感受到些許異樣，最終確認自己將來無法以此職業終老。雖然高薪是個極佳的外界獎勵，但我並不像某些天生的程式設計師一樣，能 24/7 樂在其中，廢寢忘食。就算我的能力不錯，但以工作動機及長期發展而言，還是有級別上的差異，這種內在動機的差異雖然在職涯的頭幾年還不明顯，但一定會隨著時間與年紀慢慢放大、彰顯出來的。我早早預知了這個結果，不想等到中年才來慌張，所以很快就開始為自己的職涯轉換做計畫及行動，積極尋找自己的熱情及適合自己的工作方向。

不管外界獎勵是別人賜予的還是我們自己爭取來的，對動機的長期維持而言，都是負面的效果。也就是說，你所念茲在茲的薪資報酬，正是扼殺你的工作動力的真正凶手。

榮格經典語錄

"The shoe that fits one person pinches another;

there is no recipe for living that suits all cases."

同一隻鞋，讓一個人穿得舒適，卻會夾痛另一個人的腳。沒有一種單一的生活處方可以適用於所有人。

MBTI

發掘你的

優勢與特色

Chapter 6

角色與氣質

十六種類型的角色設定

因為每一個指標都各有兩種偏好的取向，四個指標的排列組合總共會產生出十六種不同的人格類型。以下的表格列出這全部十六種類型的代碼，同時也為每一個類型加上一個別稱。這些別稱的選擇，是為了幫助每一個人找出比較符合自己人格類型的角色，讓學生們更有感覺這每一種類型的特色。

這些角色的設定，很多時候的確具有代表性，但根據每個人的人格發展的時間點、程度、及環境不同，在某些人身上也許無法完全觀察到，或不盡貼切，請不必太過執著或在意。

在接下來的篇章中，我們將一一詳細說明這十六種類型的特點。

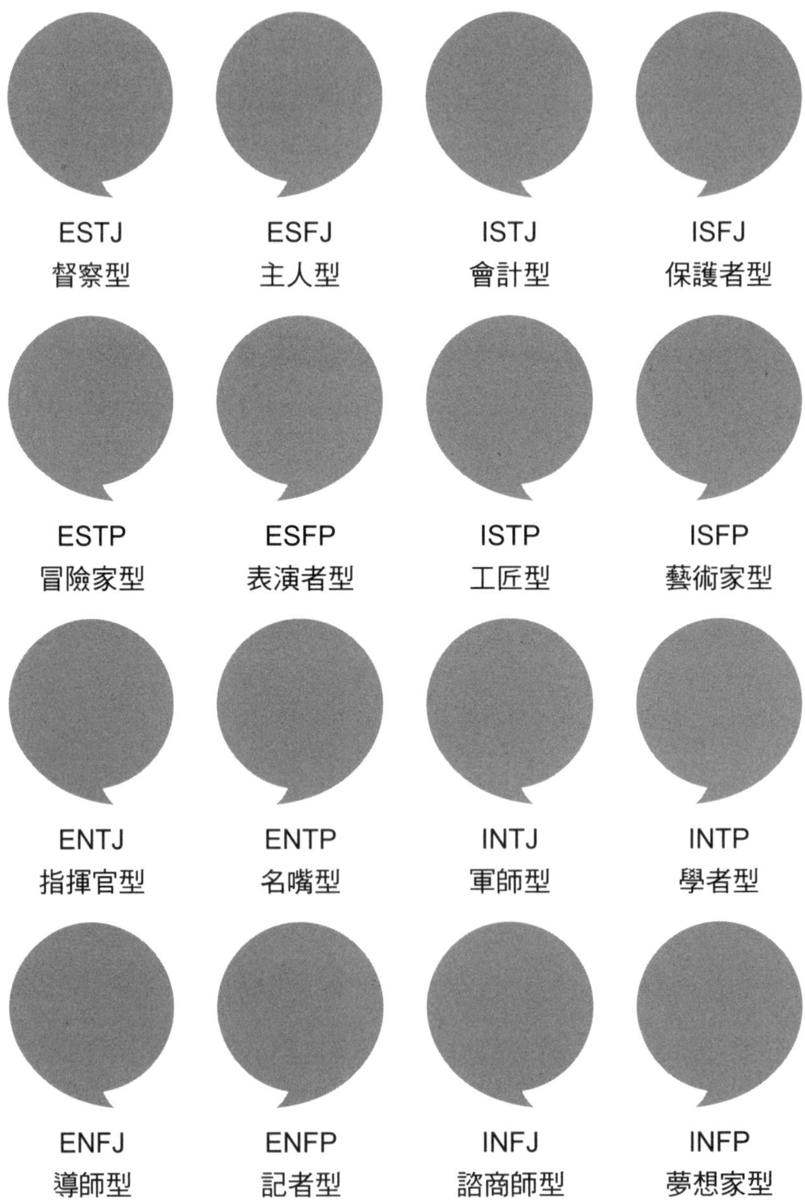
ESTJ
督察型
ESFJ
主人型
ISTJ
會計型
ISFJ
保護者型
ESTP
冒險家型
ESFP
表演者型
ISTP
工匠型
ISFP
藝術家型
ENTJ
指揮官型
ENTP
名嘴型
INTJ
軍師型
INTP
學者型
ENFJ
導師型
ENFP
記者型
INFJ
諮商師型
INFP
夢想家型

記住！

- 每一種類型都具有不同的智能面向與優勢
- 每一種類型都具有容易犯錯的地方
- 每一種類型都可以有良好的表現

與生俱來的氣質

這裡所謂的氣質，英文是 temperament。它指的是我們與生俱來的，不經過學習或後天調教，自然而然所表現出來的行為特質，以及這些行為背後的需求和內在驅動力。天性的氣質很大程度地決定了我們人格的樣貌，甚至可以預測在某些情境底下的反應或感受。

在 MBTI ® 的人格研究中，根據不同指標的選擇性組合，可以把 16 種類型再做分類簡化。例如，我們可以根據中間兩個字母，分類成為〔ST〕，〔SF〕，〔NT〕，〔NF〕；或是根據第一及第四個字母，分類成為〔EP〕，〔IP〕，〔EJ〕，〔IJ〕。在這些簡化方法中，「凱氏氣質分類」，Keirsey Temperament Sorter ，是最被廣泛接受及應用的。

凱氏氣質分類的四大族群分別是：SP，SJ，NT，NF。當年他之所以會這樣分類，是因為能夠在大量數據中，觀察到這四種組族群所帶來的非常凸顯卻又迥然不同的氣質。每一個族群當中，雖然各自包含了四種不同的人格類型，但卻很巧妙地串連了某些共同特徵及興趣。在我的另一本書《30 分鐘破解性格密碼》裡面，把這四個凱氏氣質分類出來的族群曾經重新定義，分別翻譯作：

> SP 族群：現實主義者
> （活在當下，隨機靈巧，適應力佳）

> SJ 族群：社群主義者
> （循規蹈矩，腳踏實地，有責任感）

> NT 族群：理性主義者
> （就事論事，策略性解決問題，追求卓越）

> NF 族群：理想主義者
> （靈感豐沛，善於文字表達，深具人文情懷）

榮格經典語錄

"Everything that irritates us about others can lead us to an understanding of ourselves."

每一件我們被他人激怒的事，

都能使我們更好地瞭解自己。

Chapter 7

環境導向的SP

SP 族群的特色

- 對於環境中的感官訊息敏銳
- 善於實作技巧，動手能力佳
- 觀察力及適應力佳，較會「看風向」
- 享受生活中的樂趣、興奮、刺激
- 隨性、樂觀、不受管束
- 注意力集中在「此時此地」，較容易忘記過去、忽略未來
- 即時的實用主義者
- 承受風險的能力較高

SP 族群的學習方式

- 以實體操作為主
- 降低理論的比例，搭配真實的例子更能夠增進理解
- 不喜歡坐在教室裡聽講課，很容易被誤判為注意力不集中／過動症
- 行動勝過語言，身教示範勝過教條
- 透過感官體驗及練習，來提高理解及學習成效

ESTP 冒險家型

人格特質

- 乾脆、積極、爽朗
- 大膽、衝動
- 靈巧、機智、喜歡變化
- 行動派，較不喜歡清談、空想
- 不怕挑戰、勇於冒險
- 不安於室，不受束縛，精力旺盛
- 對物質及感官資訊敏銳，善於辨別

興趣與需要

- 刺激好玩、有挑戰性的活動
- 與現實生活密切相關的事物及資訊
- 新鮮有變化的環境
- 物質享受及感官的體驗

強項與優勢

- 體育或競技項目
- 勇敢，有冒險性
- 善於發現並抓住機會
- 不怯場，有展現自我的自信
- 抗壓能力強
- 動手能力強

人際溝通風格

- 簡單明快
- 就事論事
- 憑藉經驗及可靠的資訊來源做客觀判斷
- 具目的性，可以輕易見風轉舵
- 注重投資報酬率

成長建議

- 學會克制自己的衝動
- 瞭解別人可能會被你直率獨斷的言行感到無法招架，所以有時候要適時收斂一下你那些反常或不合規矩的行為舉止
- 處理事情的優先順序，不要總是只看眼前的或有趣好玩的，學著把注意力多放在那些看起來雖然不那麼吸引你，但其實是很重要的事
- 試著多一點對人表達關心，建立真誠的人際關係
- 有些事需要學習做計畫，不能總是即興發揮
- 除了有形的物質之外，也學會欣賞那些無形的或長期以後才能看到的價值

ESFP 表演者型

人格特質

- 活潑、開朗、樂觀
- 極有親和力，不拘對象
- 靈活、有彈性、隨機應變
- 幽默、風趣、健談
- 不拘小節
- 輕易與眾人打成一片，為身邊的人帶來歡樂與溫暖
- 善於即興表演，臨場發揮

興趣與需要

- 自在、隨性、有趣的生活方式
- 與朋友一起嬉戲玩耍
- 娛樂性的活動
- 在人群中展演，一個可以即興發揮的舞台
- 物質享受及感官的體驗

強項與優勢

- 極佳的臨場反應，為活動造勢，促進當場氣氛
- 不怯場，有展現自我的自信
- 善於發現並抓住機會，找到並利用資源
- 人際關係的潤滑劑，在衝突中打圓場
- 具有靈活實用的生活常識

人際溝通風格

- 正面、親切
- 以輕鬆樂觀的態度面對及處理事情
- 在熱鬧氣氛下大方海派，樂於分享
- 不喜歡與人對質，碰到棘手的問題會逃避，駝鳥心態
- 願意用實際行動來幫助他人
- 隨波逐流，缺乏原則

成長建議

- 學習多一點自律，加強責任感
- 別隨便輕易做承諾
- 不要逃避問題，學會正視它，即使不舒服也要溝通，因為問題並不會因為你的轉頭不看就憑空消失
- 避免猛然衝動的決定，不要過度縱容自己
- 試著學習如何集中能量在某件事上，多一點恆心與毅力，堅持把事情完成
- 偶爾停下來聽聽自己內心的聲音，學習清晰思考的能力，不要總是把注意力放在外界、跟隨外界

ISTP 工匠型

人格特質

- 沉著、冷靜
- 實用主義者
- 在日常生活中隨和、有彈性、適應力佳
- 對事件秉持超然、客觀的態度或批判
- 不喜歡空談，寧可用實際行動來體現自我或幫助他人
- 一旦願意嘗試動手時就具有膽識，不會盲目或衝動
- 看事情的觀點帶著懷疑主義的傾向

興趣與需要

- 足夠彈性的時間，及允許動手探索的空間
- 實用的工具或技能
- 研究物件或裝置如何運作，並親身實地操作
- 客觀具體的資訊、事實、或觀察

- 在他所熟悉的技能上有挑戰、突破
- 不墨守成規，不拘形式
- 喜歡獨自或與一個興趣相投的好伙伴一起親自完成挑戰

強項與優勢

- 動手實做能力
- 善於掌握各種器具、工藝，或體育項目
- 邏輯分析能力
- 善於修繕故障，把東西復原至應有的最佳狀態
- 用省力省時的方式有效解決緊急的問題
- 講究工作的品質與專業，對於有興趣鑽研的事物，會變得很專精，媲美專家等級

人際溝通風格

- 不輕易發表意見
- 不輕易相信所聽到的資訊
- 會因為講究做事方法及成效而批評別人

- 就事論事，看重證據及公平，對不合理的事會想搞清楚其來龍去脈

成長建議

- 學習多一點去感知及分享自己的想法及感受
- 多花一點時間與家人或身邊重要的人精心相處
- 試著欣賞和你很不同的人，並用語言表達出來
- 在批評之前，嘗試先看到別人的觀點可能源自何處，並提出你的理解程度
- 偶爾認真想想長遠的目標及未來

ISFP 藝術家型

人格特質

- 隨和、體貼
- 仁慈、具童稚之心
- 隨遇而安、順其自然，有時顯得懶散
- 配合他人，不強加意見在他人身上
- 感官敏銳，觀察力好
- 跟著感覺走，內心感受強烈深刻

興趣與需要

- 憑感覺做事
- 大自然或美麗的事物
- 能動手做出或演出滿足情感價值的作品
- 不喜歡競爭性的環境或壓力
- 自由自在，不受束縛
- 只要我喜歡，沒什麼不可以

強項與優勢

- 會感知到身邊的人的需要，即時用具體行動來回應或服務
- 善於手工藝能、術科類的表現
- 用實用技能來幫助他人
- 為身邊的人帶來輕鬆及愉悅感
- 適應能力佳

人際溝通風格

- 誠懇、隨和、有彈性
- 好好先生，盡量與人融洽，支持、協做
- 一旦認同，完全擁護，非常忠誠
- 君子之交淡如水，維持細水長流型的友誼
- 敏感，但容易過頭而變得很主觀
- 一旦觸碰到內心堅持的價值觀，會變得非常固執，難以溝通及動搖

成長建議

- 更多一點主動表達你對事物的意見及想法
- 學習溝通技巧，因為很多時候別人並無法理解你真正的感受
- 訓練更好的邏輯能力及理性思考
- 減少發牢騷或受害者的心態
- 加強做事的持續力及一致性
- 偶爾認真想想長遠的目標及未來

隨想小品 追尋誰的夢想？

前幾年有一齣韓劇，《Start-up》，其中有一個場景，我看到的時候特別有感觸。

男主角在中學時因為數學頭腦過人，在奧林匹亞數學競賽中得到冠軍，還跳級直接上大學。當時的他也是某個棒球明星的粉絲，在一次參加粉絲簽名會的會面中，棒球明星在要給他的那顆棒球上寫下：

「Follow the Dream」

並問他：

「你的夢想是什麼？」

本來馬上直覺要說出自己心中的答案的男主角（青少年），剛脫口說：

「跟朋友們……」（應該是想創業）

卻即時被爸爸阻止，跟他耳語。然後他乖乖地照著父親說的回答：

「拿下菲爾茲獎及諾貝爾獎。」

同時還天真地轉頭問爸爸：「菲爾茲獎是什麼？」

爸爸笑說：「總之是個好東西。」

棒球明星看了，似乎明白了什麼。於是他放下本來已經寫好的那顆球，另外拿了一顆，在上面改寫成：

「Follow Your Dream」

並且很慎重地跟他強調：

「Follow your dream，是『your』dream ！」

意即是『你的』夢想，而不是『別人』的（爸爸的）夢想。

這一幕，順著父母的好心而用自己的人生來追求或圓滿父母夢想的戲碼，不知在多少亞洲文化的家庭裡真實上演過幾千萬回了。乖順的孩子們在成長過程中，從未曾被鼓勵或教導要為自己的人生規劃、夢想，或做主。往往等到長大之後，在遇到自己人生的十字路口時，才格外地感到茫然或震驚。

其實我們也不能全然怪罪於父母、家庭、或社會，這是集體主義文化（collectivistic culture，相對於西方的個人主義文化 individualistic culture）自然會產生的現象。因為在這種文化裡，身為家庭或社會的一份子，每個人都有權利跟義務一起貢獻，一起分享，個人與個人之間的界線是模糊的，是有很多交集的，沒有一個人是完全獨立、屬於自己的。

這個文化幾千年來不是問題，直到現今，因著交通、科技、資訊的迅速發達，又拜全球化之賜，不同文化之間輕易融合、互相影響，即使身在亞洲的年輕人也越來越受西方文化影響，自我意識抬頭。

可是，就像我在諮商個案裡經常看到的，總是要等到三十、四十歲之後，很多人才開始問自己這個問題：

一路以來，我在追尋的，到底是誰的夢想？

榮格經典語錄

We cannot change anything unless we accept it.

Condemnation does not liberate it, it oppresses.

對一件事情，在我們能接受它之前，

是無能去改變它的。譴責並不能讓我們從

困擾中解脫出來，只會加劇折磨。

Chapter 8

細節導向的SJ

SJ 族群的特色

- 認真、負責
- 細心、謹慎
- 可靠、腳踏實地
- 記憶力好，例如數字、日期、名字、紀錄、表格等
- 善於比較，找到細微的差異
- 有組織，有紀律
- 保守，不喜歡做改變
- 服從制度、權威、階級，講究長幼次序
- 容易擔心事情出差錯，或焦慮自己表現不好，給自己壓力

SJ 族群的學習方式

- 有清楚的規範、指引、步驟
- 根據熟悉的做法，或掌握已知、確切的內容
- 規律的步調
- 重複練習
- 有其他類似的資料可以參考、佐證
- 較不敢嘗試從未做過的方法，覺得不可靠，擔心會失敗

ESTJ 督察型

人格特質

- 果斷、務實
- 認真努力、具競爭性
- 注重群體紀律，遵守規範
- 善於監管、指揮他人做事
- 容易急躁、失去耐性
- 強硬、堅定、固執
- 有時會因為目標導向而顯得不近人情

興趣與需要

- 規矩、次序、範例
- 明確、可靠的東西或資訊
- 迅速做決定，訂定計畫
- 主導程序，掌控結果
- 直接了當，不浪費時間

強項與優勢

- 分配資源，解決問題的行動力
- 有組織性，善於管理監督，權責分明
- 努力，有責任感
- 自然展現管理者的架勢
- 鉅細靡遺，目標導向，不輕易放棄

人際溝通風格

- 直接，不拐彎抹角
- 很實際，不打高空
- 批評多於認可、讚揚
- 強調過去的經驗及範例
- 看重事實與數字
- 有時會過於武斷或跋扈

成長建議

- 多讚美別人，而非總是看到別人做不好的地方
- 對不同意見及觀點多一點彈性及包容力
- 多一點聆聽，而非一直下命令
- 願意聽從別人的做法或指揮
- 適時放鬆、休息，參與休閒娛樂，抒發壓力
- 退一步地協商，促進雙贏

ESFJ 主人型

人格特質

- 親切、友好、坦率、大方
- 關心、照顧他人
- 肯定、讚美他人
- 喜歡與人共事及合作
- 注重維持人際之間的和諧氣氛
- 喜歡熱鬧的、家庭式的團體聚會
- 務實，有責任感

興趣與需要

- 友好和諧的人際關係
- 有歸屬感的團體，並在其中照顧、服務他人
- 被肯定及讚賞
- 可預測的、日常例行的規律
- 清楚的紀律及角色分明的人際關係

強項與優勢

- 待人接物及社交禮儀
- 殷勤、努力，為親近的人及所屬團體付出
- 迅速盤點、打理事務
- 共事合作的支持者及好伙伴

人際溝通風格

- 主動、急切
- 客套，禮數周到
- 熱心，容易多管閒事
- 遵從尊卑次序及身分地位
- 耳根子軟，易屈從於指示或強力意見
- 想照顧別人，立意雖好，但容易界線不清

成長建議

- 學習不要太過在意別人的眼光及看法
- 適時釋放討好他人的壓力，而非一直委曲求全

- 學會輕重緩急，優先順序
- 辨別自己真正想要的，而非「應該」的
- 尊重別人有自己的空間及想要的不同生活方式
- 克制在情緒之下那種想要怪罪他人，或把罪疚感加在別人身上的衝動

ISTJ 會計型

人格特質

- 嚴謹、自律、守規矩
- 有責任感，忠心耿耿
- 做事認真，注重細節
- 可靠，看重承諾及義務
- 保守、傳統、不花俏
- 公正、理性

興趣與需要

- 井然有序、穩妥、安全
- 清楚的步驟及條理
- 符合標準、遵守法則
- 證據、數字、具體的事實
- 經過驗證的方法

強項與優勢

- 細節分明，善於數字、比對、整理分類等
- 腳踏實地，做事有規劃，一步一步執行
- 有責任感，恪盡其職
- 詳盡周密、準確、零失誤
- 守護團體標準及權益，有榮譽感

人際溝通風格

- 條理清晰，講求實際及合理性，不好高騖遠
- 不喜歡看到別人偷懶、怠惰，或雜亂無章
- 有時會因為太過注重細節而顯得吹毛求疵
- 若牽涉到傳統、權威、或紀律，會顯得強硬而不輕易讓步

成長建議

- 增加多一點彈性及多元性，不要過於拘泥固定的模式

- 不需要每件事都事必躬親，適時放手，避免給自己太大壓力
- 打開心胸，接納別人的觀點，多一點給別人認可及讚美
- 學著放鬆，以開放的心情享受休閒時光
- 更多願意嘗試新的方法，多一點冒險精神，允許犯錯的空間，不必總是墨守成規

ISFJ 保護者型

人格特質

- 認真、負責、細心
- 勤儉、務實，善於打點生活細節
- 待人中肯、和睦
- 可靠，看重承諾及義務
- 節制、守規矩

興趣與需要

- 穩固、安全的環境
- 明確可循的規範，可信賴的準則
- 知道自己在團體裡的角色及責任
- 清楚的步驟、條理、及具體的事實
- 得到付出對象的認可

強項與優勢

- 詳盡周密，井然有序，善於比對、整理分類
- 努力勤勉，不辭辛勞
- 關心及照顧身邊的人，具奉獻精神
- 堅忍、有毅力
- 具有社會責任感

人際溝通風格

- 友好、仁慈
- 期待和睦，盡量不得罪人，甚至會委屈求全
- 不善於為自己爭取或謀求福祉，不知如何求助
- 對於被要求改變現狀會有很大的心理障礙
- 優柔寡斷，容易鑽牛角尖

成長建議

- 勇於發言，表達跟別人不同的意見
- 學習如何拒絕別人的要求，對別人說「不」

- 學會輕重緩急，優先順序
- 辨別自己真正想要的，而非「應該」的
- 學會放鬆，不要過度憂慮，不要浪費精力在想像最糟狀況的可能性
- 更多願意嘗試新的方法，允許犯錯的空間，不必總是墨守成規

隨想小品

在眾星之中脫穎而出

2019 年的諾貝爾化學獎得主，有一個很謙卑的名字（姓氏）：Goodenough，直接意譯是「足夠好」。不是不好，也不是太好，而是剛剛好。Goodenough 教授獲獎時已經 97 歲了，是諾貝爾獎得主有史以來年紀最大的一位。他在幾十年前與另外兩位同事共同發明了鋰電池，直到今年才有機會共享這份殊榮。

Goodenough 教授在科學領域的頭銜很多，獲獎無數，但這些都不是最令人稱奇的，他充滿傳奇與坎坷的人生經歷，才是真正勵志。他小時候患有閱讀困難症，青少年時父母離異，他靠著半工半讀養活自己。在耶魯大學他一開始念的是古典文學，後來轉到哲學，因為他在少年時期對這些科目極感興趣。後來在一個教授的建議下，轉讀數學，但珍珠港事件爆發，他自願服役，又過了三年才回到學校繼續學業。畢業後，他再度從軍，加入美國空軍，在軍中他得到一個難得的機會被推薦去深造，因此他前往芝加哥大學攻讀物理學博士。他開始念物理時年紀已經比一般學生要年長，而且課業壓力沉重，但他在這裡找到自己的人生的信念：「找到問題、解決問題」。他 30 歲發明了齊納二極管，之後選定了電池材料為研究方向，然後在 57 歲時發明了鋰電池，61 歲發現錳尖晶石正極材料，75 歲發現磷酸鐵鋰正極材料（這些都是電池升級的代替品）。堅持不肯退休的他在 90 歲以後開始研究全固態電池。

獲悉得獎之後，在接受採訪時，他開頭就說：

「第一重要，知道你是誰！不要想去模仿別人。只要搞清楚你自己是誰，你的天賦強項是什麼，用以發展屬於你自己的神奇力量，你最好的那一面，你就會學到如何用它來解決問題。」

這番話，跟我經常對年輕人（或是他們的父母）說的話，簡直是一模一樣。

每個人都希望相信自己是獨一無二的，但全世界有幾十億的人，就像宇宙裡數不清的星星一樣，如何能在眾星之中找到自己的特殊之處，發光發亮，甚至脫穎而出？

天上的星光閃耀
建築的燈光閃爍

我們也在閃閃發光

但這些光中

有些是有雄心報復的

有些是猶豫不決的

人們身上的光都很珍貴

即使在黑夜裡（別感到孤單）

我們也可以像星星一樣（發光發亮）

不要消失

你的存在很重要

讓我們一起閃耀

今夜的表情會如此美麗

或許不是因為那些星星和燈火

而是因為我們啊！

你找到了我

我在你身上看到夢想

因此我也找到了你

在漆黑的夜裡

藉著彼此的光

我們在訴說同樣一件事

在最深沉的黑夜裡閃耀著的星光

夜越深，光芒越加璀璨

每一個人都有一個歷史

每一個人就是一顆星星

七十億顆閃耀的星星

就是七十億個不同的世界

發光吧！做夢吧！微笑吧！

讓我們把黑夜照亮

用我們自己的方式發光

發光吧！做夢吧！微笑吧！

讓我們把黑夜照亮

做自己，我們就能發光

這是 BTS 2019 年的暢銷專輯《Map of the Soul–Persona》當中的第三首歌，歌名叫做 mikrokosmos（或作 micro cosmos），意即「微型宇宙」或「小宇宙」。

每一個人就像一顆星星一樣，但宇宙裡有成千上萬的星星，我們要如何脫穎而出？

簡單來說，就是認識自己。我們對於自我強項的認知，來自於發現自己人格組成的不同特質。而且這些特質之間並不是用緊張的平衡或推擠來維繫，而是正面地認可彼此。它們不需要時時刻刻都一起出現，而是在適當的時刻讓不同的部分出頭，各司其職。

就像 BTS 的這首歌所說的：「做自己，就能發光。」

蘇格拉底有一句名言：Know Thyself！幾千年過去，這句銘言在今天依然是充滿智慧的忠告。所有能夠像星星一樣閃耀發光的人們，都是認識自己，找到自己的定位與強項的人。

榮格經典語錄

"The privilege of a lifetime is to become who you truly are."

我們這一生的特權，就是成為真正的自己。

Chapter 9

挑戰導向的 NT

NT 族群的特色

- 追求知識與能力
- 好奇心＋好勝心
- 獨立、對自主性的要求很高
- 客觀、理性
- 機智、創新
- 不輕易服從教條或指令
- 注重功能性及效率

NT 族群的學習方式

- 啟發式
- 給予新的挑戰
- 講求合理性及邏輯性
- 以解決問題為動力
- 善用各種有用的學習工具來增加效率

ENTJ 指揮官型

人格特質

- 果斷、剛毅、堅定
- 積極、有活力、有行動力
- 有自信、有膽識
- 具競爭性及批判性
- 求新求變，勇往直前
- 不服從傳統的束縛

興趣與需要

- 掌控事情的方向及進行，主導程序
- 迅速做決定，訂定計畫
- 相關的實用資訊及工具
- 找到最合理及有效的辦法
- 直接了當，不浪費時間

強項與優勢

- 分配資源，解決問題的執行力
- 善於指揮、部署、啟動戰力
- 對工作全力以赴、顧全大局
- 不怕障礙，視為挑戰
- 有效率地應變，講究策略

人際溝通風格

- 直接、明確、清晰，不拐彎抹角
- 強勢，立場堅定，絕不優柔寡斷
- 看重長期的目標及結果勝過枝微末節
- 若不合理或無法按照他的遠見計畫，很容易失去耐性而發脾氣，容易因為目標導向而顯得不近人情
- 不在乎別人的看法，說話不客氣，論斷別人的做事能力
- 看重有象徵性的，能顯現出地位價值的事物

成長建議

- 避免過度驅使他人或對工作要求過高，你對目標的要求常會對別人造成壓力
- 多一點顧慮人的感受，多加入一點人性的溫暖
- 打開耳朵，虛心傾聽別人的意見，有時候別人所建議的，或微不足道的常識，也是值得考慮及採用的
- 適時放鬆，有時候可以放慢步調，達成目標之前的過程也很重要
- 給別人多一點時間，多一點欣賞、包容、與耐心，容許別人有犯錯的空間

ENTP 名嘴型

人格特質

- 積極、機智、才思敏捷
- 好奇、愛提出質問
- 想法多，有獨創性
- 反對教條框框，特立獨行
- 既自主又活潑，兼具獨立性與社交性
- 喜愛鬥智，自命不凡

興趣與需要

- 新鮮獨特的見解
- 探索並追求新的事物或方式
- 大量提問與討論
- 有刺激性及挑戰性的全新議題
- 好辯，享受與人辯論的樂趣

強項與優勢

- 善於換位思考，角度多元
- 巧辯，有口才，有說服力
- 激發想像，帶來能量
- 足智多謀，具創意性的直覺

人際溝通風格

- 能言善道，旁徵博引，資訊充沛
- 挑戰教條或傳統
- 有魅力，容易圈粉
- 傾向只願意花時間或注意力在志氣相投的人身上
- 戲謔性地挑別人的邏輯錯誤

成長建議

- 在某些保守場合中或許應該暫停發表意見，避免引起唐突的氣氛
- 更務實，多動手，而非一直空談

- 放慢速度，耐心傾聽
- 對答應的事負責，尊重別人的時間和計畫
- 多主動去真誠地幫助及服務他人
- 記住不是所有的人都跟你一樣覺得辯論很有趣，對有些人來說，這可能是很不舒服或耗能量的

INTJ 軍師型

人格特質

- 獨立、獨斷
- 堅定的自信心
- 做事喜歡有創新、有遠見
- 目標導向
- 講求效率
- 不滿足於現狀，常常會自己找問題來解決

興趣與需要

- 化繁為簡，勾勒重點與大綱，不喜歡處理繁瑣細節
- 被授與選擇或做決定的權力，獨立作主
- 相關的實用資訊及工具
- 找到最合理及有效的辦法
- 針對明確的目標做沙盤推演，掌握未來可能會出現的機會，事先做好準備

強項與優勢

- 有遠見的策劃能力，事先準備好危機處理對策
- 調度資源的能力，解決問題的策略及執行
- 整合型及創新型的思維
- 掌握大局及趨勢

人際溝通風格

- 直接、清楚
- 理性，避免感情用事
- 不畏權威，階級無用
- 低調但自負，不善於閒話家常
- 主張任何事都可以且應該再改進
- 期待在人際關係中能學到新東西

成長建議

- 虛心聽取不同觀點，針對別人所反應的不同意見多探究原因，自我反省，因為你很可能會忽略了一些

重要的細節，而讓你所堅持的遠見變得過於狹隘，看不到自己的盲點

- 不要因為太過專注於目標而造成別人壓力，或變得不近人情
- 留意自己對人的判斷很容易出現與現實狀況有距離的誤差
- 適時讓大腦放鬆，學著活在當下，隨性所致，欣賞周邊的人事物

INTP 學者型

人格特質

- 冷靜、理性
- 隨和、虛心、尊重他人
- 做事要等到深思熟慮之後才會採取行動，可能會讓人覺得行事太過溫吞
- 對不同的方法及理論感到好奇
- 對未知的事物抱持開放但懷疑的態度，不妄下結論

興趣與需要

- 觀察事物，把因果關係、來龍去脈搞清楚
- 新奇的資訊、知識、或理論
- 對於資訊內容的捕捉講究條理清晰
- 精確地用詞或語言邏輯
- 能鍛鍊心智的活動或學習
- 享受獨自思考，建構想法

強項與優勢

- 分析及歸納能力，找到事物之間的關連性及邏輯性
- 批判性的論證與推理
- 對各種可能性做很謹慎地評估考量
- 設計、建構完整且滴水不漏的藍圖
- 講究工作的品質與專業

人際溝通風格

- 冷靜，中立，先做安靜的思考
- 能夠客觀接受別人的對立意見與批評
- 講究溝通的邏輯是否前後一致，有時會顯得吹毛求疵
- 習慣用提問的方式
- 對很多事總是保持冷眼相看的距離，若判斷是不合理的，態度是批判性及諷刺性的

成長建議

- 多主動與人分享你頭腦裡正在思考或籌算的事，不然別人會以為你沒有任何想法或行動
- 試著做決定更明快，給別人更清楚的答案
- 更積極一點的行動能力，有些事不用等到全部都掌握好才開始
- 多一點表達對人的欣賞與讚美，學習與人建立關係
- 避免因為別人的不理解而產生過度反應或防禦的心態

隨想小品 祝你倒楣

祝你時不時地碰到倒楣事——所以你會謹記人生中的機運是多麼重要，成功不是那麼理所當然，還有，別人的失敗也並非他們不夠努力。

祝你在失敗的時候，偶爾會被對手幸災樂禍地對待——所以你更能體會到，有風度的運動家精神的重要性。

祝你有時候會被別人忽略——所以你會瞭解被傾聽的重要性。

祝你偶爾感受到痛苦——所以你會更明白，給予別人適時的同情及幫助是多麼有價值。

老實說，不管我有沒有這樣祝福你，以上這些倒楣事遲早都會發生在你身上。而你能否在這些遭遇中獲得什麼好處，取決於你面對負面情況時讀取其意義的能力。

以上這段話，出自美國最高法院（supreme court）的首席大法官，John Roberts，2017 年在他兒子的中學畢業典禮上所給予的「給畢業生的祝賀詞」。

在那些「直昇機父母」（helicopter parents，意即隨時在孩子身邊圍繞著轉，保護著孩子的父母）的耳中，這些話聽起來可能很不可思議，甚或刺耳。但真正有智慧的父母細思之下應該都會同意，讓孩子在適當的年紀時親身去體嘗人生中的不順遂，包括考試失利、競賽落榜、錯失大好機會、被不公平地對待、被朋友背叛、被冷落、被排擠、失戀，等等，其實都是幫助他們長大的一種鍛鍊，讓他們能夠更堅強地去面對往後人生中及職場上更嚴峻的考驗。

其實，青少年時期是一個很好的體驗時期，一方面年輕時心智彈性很大，學習很快，會比在30歲才第一次碰到更能累積其價值。他們會以親身經驗記住，原來凡事總有雨過天晴的解決之道，而不會到了思想僵硬的年紀時鑽牛角尖，犯下更大的錯誤。另一方面，在這個時候，父母仍在身邊，可以即時地伸出援手，給予引導，在開明的溝通及對話中開導並滋養脆弱的心靈，讓他們感受到父母的支持，成為他們往後人生中一個安心的支柱。

外表美麗光滑的珍珠，其養成過程充滿了寓意。養珍珠的工人會故意把沙子放進牡蠣的殼裡面，這些沙子其實讓牡蠣很不舒服，但又沒辦法自己把它們吐出去，於是牡蠣會開始借用它本身一部分的精力及養分，把沙子包裹起來，在這個過程中牡蠣需要學會與這些沙子和平共存。當這些沙子最終被包裹了起來，變成珍珠，同時牡蠣也不再有異物感了。而當牡蠣給予的養分越多，珍珠就被養得越大。

這種面對逆境的包容與生存能力，我衷心地希望我自己的孩子也能早日學會。對我來說，身為一個母親，並不僅僅是讓孩子有一個可以依靠的避風港，而是幫助他漸漸地不再需要過度依賴一個溫暖的避風港。

榮格經典語錄

"Know all the theories, master all the techniques,

but as you touch a human soul be just another human soul."

你可以熟知所有的理論，精通各種技術，

但當你接觸的是一個活生生的人的時候，

請你就單單地也作一個活生生的、有溫度的人。

Chapter 10

靈感導向的NF

NF 族群的特色

- 充滿靈感與想像力，天馬行空
- 情感豐富，善於同理他人
- 真摯，樂於助人
- 善於文字表達，語言能力佳
- 活在自己的世界裡，或理想性高，顯得較不切實際
- 追求熱情，興趣多元
- 人文關懷或人道主義者，或有悲天憫人的傾向
- 堅持自己的價值觀，或講究事物的意義性

NF 族群的學習方式

- 給予想像的空間，鼓勵激發靈感
- 用對話或文字來深入探討
- 建立溫暖互助的關係，以人為中心
- 追求長遠的目標或意義
- 找到人文性的切入點

ENFJ 導師型

人格特質

- 熱情、積極、有理想及抱負
- 社交能力強、善於自我表達
- 大方、親切，有擔當、講義氣、重感情
- 喜歡團隊合作，肯定、讚美他人
- 注重維持人際之間的和諧氣氛
- 不拘小節，但對於重點能精明掌握

興趣與需要

- 被肯定及讚賞
- 盡力做到最好，以尋求他人的認同
- 與人分享討論個人的理念及價值觀
- 和諧的人際關係

強項與優勢

- 表達能力佳
- 善於溝通，與人建立共識、促進合作
- 有影響力，有人際魅力
- 善於組織人群、策劃並推動團隊型的計畫
- 有行動力
- 上進，追求自我提升

人際溝通風格

- 積極、友好
- 喜歡指導別人、鼓勵別人進步
- 看重維持人際之間的和諧氣氛，避免或化解衝突
- 情緒的高低起伏較為戲劇性
- 對人抱有理想性的期待，會不自覺想要改變別人，有時可能顯得急迫，讓人有壓力
- 對於負面的批評很敏感

成長建議

- 學習接受自己與他人的不完美，不要總是想要改變別人或勉強自己去配合別人
- 不要太過在意別人的眼光及看法，不要因此而過度妥協、壓抑自己
- 不用急著自己擔起所有的事情，學會冷靜等待
- 學會更客觀地面對批評及衝突，控制情緒
- 留意你的情緒化可能讓別人很難招架

ENFP 記者型

人格特質

- 熱誠、樂觀、大方
- 隨性、不拘小節
- 好奇心，喜歡新鮮有趣的話題
- 想像力豐富，天馬行空
- 喜歡變化，一直展開新的興趣或觀點
- 有感染力、有同理心、有正義感

興趣與需要

- 新鮮有趣的故事、想法、體驗
- 探索並追求新的、不同的可能性
- 獨樂樂不如眾樂樂
- 大範圍的自由，不被規律或呆板的生活或做事方式受限

強項與優勢

- 激發想像，帶來能量
- 令人驚喜的創意，擅長腦力激盪（頭腦風暴）
- 點子多、故事豐富
- 為弱勢族群代言

人際溝通風格

- 隨和、樂觀、浪漫的性情中人
- 心胸開放，好相處
- 支持、接納、欣賞他人
- 想法發散，較無章法
- 容易被分散注意力而忘記之前的約定
- 靈感來時滔滔不絕，欲罷不能

成長建議

- 不要把能量及注意力分散至太多不同方向或主題，更收斂集中一點，會讓別人比較能理解及共事

- 不要太輕易承諾，一旦答應別人的要求，要記住並守信用
- 學會做計畫，並實際執行，多考慮風險管理
- 避免虎頭蛇尾，加強自律及堅持到底的毅力
- 不是所有新的都是好的

INFJ 諮商師型

人格特質

- 溫文、內斂、深沉
- 富有想像力及獨創性
- 習於觀察及解析他人
- 對人及自己的要求標準很高
- 低調但認真地追求長遠的或理想性的目標
- 若即若離，難以捉摸

興趣與需要

- 深度的個人關係或有意義的對話
- 屬於自己的精神世界及哲學性的思考
- 化繁為簡，不喜歡處理繁瑣細節
- 發展潛能，喜歡一直學習及拓展自我成長的新技能或知識
- 想像並看到未來，探索神祕未知的領域

強項與優勢

- 講究語言的掌握及文字的表達，有創作力，善用象徵與隱喻
- 用有遠見及有意義的話語勵志人心，幫助人成長
- 一旦思考清楚，認定是有意義的目標，會具有非常的決心及毅力
- 把複雜的觀念或資訊簡化，做精闢的解讀；看到事物表面下的含義，找到最重要的精髓及本質
- 直覺性的預測能力

人際溝通風格

- 和善，對人抱持認可、支持、鼓勵的態度
- 低調，重隱私，不善於閒話家常
- 把能量只集中在建立非常深度及有意義的人際關係
- 在親切與冷淡之間擺盪，情感的表達與交流會因意義導向而產生變化
- 自然而然把人、想法、行為、與價值觀串連在一起，系統性地解釋或看待其間的因果關係

成長建議

- 不要把每一件事都想得太遠，或過度堅持其意義所在，而變得太過沉重或嚴肅
- 更注意及適應外界的環境動態，主動去與外界連結
- 更務實，活在當下，把握機會
- 放鬆對人際關係或精神生活的品質的要求

INFP 夢想家型

人格特質

- 溫和、真誠、仁慈
- 敏感、有同理心
- 想像力豐富，愛做白日夢，天真浪漫的理想主義者
- 跟著感覺走，內心感受強烈深刻
- 同情弱小、悲天憫人
- 生活風格隨性、散漫，較被動
- 常覺得自己的特質不被瞭解、不受重視

興趣與需要

- 有開放空間、有想像力的對話及故事
- 能夠認同的價值觀
- 有信任感，沒有強權壓迫、沒有競爭性的環境
- 正直、尊嚴
- 多樣性

強項與優勢

- 觀點多元，有創意
- 人際調和，成為他人的支持者及安慰者
- 解釋及創作故事或藝術的天分
- 有良知，認真貢獻

人際溝通風格

- 真誠、隨和、有彈性
- 善解人意、有同情心
- 激發多元的探討
- 一旦認同，會無私且不求回報的支持與付出
- 敏感，但容易過頭而變得很主觀、脆弱
- 一旦觸碰到內心堅持的價值觀，會變得非常固執，難以溝通及動搖

成長建議

- 更多實際採取行動，而非只是空想
- 常常主動表達對你來說重要的事或價值觀，不然別人會以為你默認。別總是拖到最後關頭，以致要改變的障礙很大，別人也會很難理解你的激烈反應
- 肯定自我，勇敢把自己推出去，不要顧慮太多
- 學會建立清楚的心理界線，不讓人隨意越界
- 主動向人求助或尋求資源
- 降低你所以為或想像的受害者心態

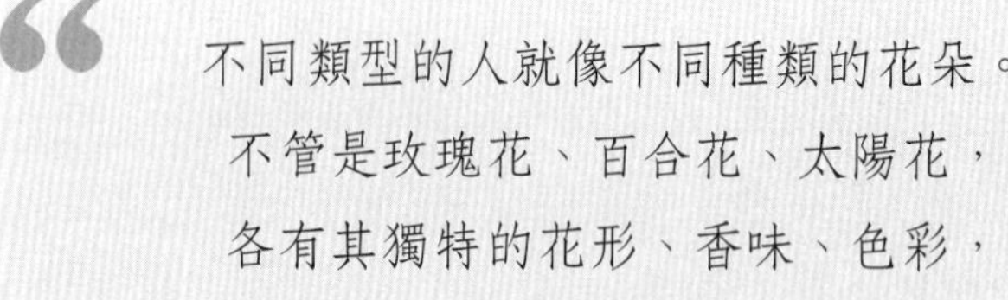

隨想小品

善用 MBTI®，做個立體的人

在 YouTube 網紅中，有一類可能是很多女孩子會看的，是化妝教學的。大多數的化妝網紅是教人化妝的技巧，但其中有一種類別，在前幾年點擊率很高的，就是 before and after——像看魔術表演一樣，看這些人如何運用高超神奇的化妝術，把一張其貌不揚的臉在短短時間內變成沉魚落雁般、令人驚艷的女神面容。這種號稱整形級的化妝術，看了不得不令人嘆為觀止，不得不相信 Everything is possible ！

對照 20 年前的化妝技巧，有一個步驟是以前幾乎很少使用或強調，但現在卻是基本步驟之一的，叫做「修容」。什麼叫做修容？簡單說，就是利用刻意加上的陰影來打造深邃的五官線條，例如讓臉頰看起來小一點，讓眼睛看起來深一點或大一點，讓鼻子看起來高挺一點，等等。這對於臉部較為扁平的東方人來說，特別具有加分作用。

這些刻意加上去的陰影，其實顏色及份量都不多，但卻可以在整體感上製造出微妙的差異，讓整張臉瞬間變得更加立體。說穿了，它就像是在一張人臉的畫紙上作畫一樣，無論是素描還是水彩，畫家必須捕捉光線落在物體上的角度，不但要知道明亮處在哪裡，也要找到陰影在哪裡。若沒有陰影，呈現出來的東西勢必平平板板的，很無趣，也不真實。

人格特質也是如此，總是一刀的兩刃，一邊是光明，另一邊就是陰影。

比如說：

活潑外向的特質，正面來看，讓人覺得容易接近、談話，態度大方；但從負面來看，則可能說話欠缺深思熟慮，較為衝動。

內向安靜的特質，正面來看，顯得穩重、有深度；但從負面來看，則可能讓人覺得難以瞭解，沉悶，甚至陰沉。

感性的特質，正面來看，容易讓人感受到溫暖及人性的真實；但從負面來看，可能容易情緒化而影響生活。

理性的特質，正面來看，較能客觀、公正地處理事情；但從負面來看，似乎了缺乏與人情感交流、連結的自然度與深度。

從負面的角度看過去，我們看到的好像都是缺點。這些負面的東西，我們不妨將之稱為「陰影」。

陰影雖然是配角，但若沒有它，一切都是光明的、美好的，那一定是怎麼看，怎麼假。雖然陰影本身好似沒什麼價值，但若能和其他面向集合在一起，就可以成就一幅有意義的圖案。在人生各式各樣的經驗及歷程中，我們其實應該學習找出，並且承認自己的陰影。我們應該接納那些陰影，感激那些陰影，是它們讓我這個人變得立體，變得真實，變得美麗。

同樣的，別人身上也是有亮處，亦有陰影的。能同時看到別人身上的亮點與陰影，表示我們懂得取角度，切換觀點，而非缺乏彈性與包容。

當你越來越熟練使用 MBTI ® 這個工具，應用在身邊的人身上之後，也許你會發現自己可能對於某一種人格類型的人特別感冒，他們身上某種突出的特質就像是你的地雷一樣，常常讓你覺得受不了，或是很容易激怒你。

在這種時候，千萬別忘了：所有的特質都是一刀的兩刃！從某個角度看是缺點，但一定也存在另一個角度，是可以讓它變成優點的。反之亦然。你喜歡、欣賞的特質，你所看到的某個亮點，從別人的角度看也許就變成了陰影！只是因為你們站在不同的角度，甚至是以不同的場景來衡量。若換了一個時空背景，所謂的優點及缺點可能會完全相反！

所以，讓我們更立體地來看待自己，看待他人。不只是針對個人，甚至還包括了和自己相異的群體、國家、及文化。真實地認識自己及他人，最大的價值在於讓我們的眼睛變得敏銳，可以同時看到每個人的亮點與陰影，而不是只是單向地擁護某一種特質，或批評某一種特質。

畢竟，光明與陰影，一定是共存的。

國家圖書館出版品預行編目資料

我為何會這樣?——MBTI 人格類型的 16 種性格密碼 / 王凱琳著 . -- 初版 .
-- 臺北市 : 商周出版 : 英屬蓋曼群島商家庭傳媒股份有限公司城邦分公司
發行 , 2022.06
面 ;　公分 . --(Live & learn ; 102)

ISBN 978-626-318-305-6 (平裝)

1. CST: 青少年心理　2. CST: 人格類型

173.2　　111007246

線上讀者回函

我為何會這樣?——MBTI人格類型的16種性格密碼

作　　者／王凱琳
責任編輯／余筱嵐

版　　權／林易萱、吳亭儀
行銷業務／林秀津、周佑潔、黃崇華
總 編 輯／程鳳儀
總 經 理／彭之琬
發 行 人／何飛鵬
法律顧問／元禾法律事務所 王子文律師
出　　版／商周出版
台北市104民生東路二段141號9樓
電話:(02) 25007008　傳真:(02)25007759
E-mail:bwp.service@cite.com.tw
Blog:http://bwp25007008.pixnet.net/blog
發　　行／英屬蓋曼群島商家庭傳媒股份有限公司 城邦分公司
台北市中山區民生東路二段141號2樓
書虫客服服務專線:02-25007718;25007719
服務時間:週一至週五上午 09:30-12:00;下午 13:30-17:00
24 小時傳真專線:02-25001990;25001991
劃撥帳號:19863813;戶名:書虫股份有限公司
讀者服務信箱:service@readingclub.com.tw
城邦讀書花園:www.cite.com.tw
香港發行所／城邦(香港)出版集團有限公司
香港灣仔駱克道193號東超商業中心1樓;E-mail:hkcite@biznetvigator.com
電話:(852) 25086231　傳真:(852) 25789337
馬新發行所／城邦(馬新)出版集團 Cite (M) Sdn. Bhd.
41, Jalan Radin Anum, Bandar Baru Sri Petaling, 57000 Kuala Lumpur, Malaysia.
Tel: (603) 90578822　Fax: (603) 90576622　Email: cite@cite.com.my

封面設計／徐璽工作室
內頁設計／徐治彬
插　　畫／陳萱蓉
排　　版／邵麗如
印　　刷／韋懋印刷事業有限公司
總 經 銷／聯合發行股份有限公司
電話:(02)2917-8022　傳真:(02)2911-0053
地址:新北市231新店區寶橋路235巷6弄6號2樓

■2022年6月28日初版
定價380元　　Printed in Taiwan

城邦讀書花園
www.cite.com.tw

 ISBN 978-626-318-305-6

我在發言之前習慣把想法先整理好，想得清楚一點，不然不會過於主動。雖然也喜歡和朋友聚在一起，但不會整天或大量時間耗在一起。我的交友狀況會集中在幾個比較親近的朋友身上。大型聚會過後我更享受一個人獨處。除非有特殊需要或目的，平時很少會主動和陌生人交談。

（沿虛線剪下開始互動）

第一組

在眾人面前若有問題或需要發言，我不會膽怯，很容易大方表現自己的想法。平常喜歡往外跑，或加入群體的活動。可以輕易切換至不同的人群中。在與人互動或共事的過程中覺得能量滿滿，雖然有時也會需要休息一下，但感覺非常自在，效率很好。

左手

第二組

我常常會很自然地從少數的訊息中自行拼湊出一個畫面或藍圖。我不需要大量的細節，也不在乎是否以前曾經出現過。我喜歡憑空想像，嘗試創造出新的選項。我喜歡花時間在概念性的、理念型的話題，勝過實際的操作或練習。

第二組

當我在吸收新資訊或學習新事物時，希望能有很具體的說明與指導，實際的例子，或可體驗的內容。對我來說，已知的東西比較可信；發生過的，看得見的，可掌握的，會比未知的、空泛的想像更容易接受。

左手

第三組

與人互動時我較常感受到自己或別人的情緒，無論是好的壞的，而這可能會影響我的行為或決定。我希望人與人的相處能夠有更多的欣賞及體諒。我在乎別人的態度是否友好。我對別人的幫助更依賴的是內心的感受更勝過於能力。

第三組

與人溝通或需要做判斷時，我比較看重事情的合理性與一致性，更勝過人的情緒所帶來的變數。我能輕易地對事不對人，保持客觀公正。雖然有時候我也可以瞭解別人的感受或影響，但相對來說，我比較不容易受感覺的干擾或牽絆。

左手

第四組

我比較隨性，生活態度較是隨遇而安的。對於變化，我習慣保持開放性及彈性，不至於對我造成太大的壓力。臨時抱佛腳或拖到最後一刻一氣呵成，是常見的情況。我不喜歡急於做決定。對我來說，享受過程更勝於結果或目標。

第四組

我喜歡事先知道事情的計畫或安排，不太喜歡臨時改變。做事情我通常會先有目標，想好如何去達成。生活上比較喜歡有次序、有節奏。若是有許多事情積壓，沒有整理或完成，我會覺得有壓力。我喜歡有足夠的時間去做規劃。我對事情比較有主見，有掌控性。